AF450685

PIERRE VEBER & SERGE BASSET

Les Grands

COMÉDIE EN QUATRE ACTES

PIERRE VEBER & SERGE BASSET

Les Grands

COMÉDIE EN QUATRE ACTES

PERSONNAGES

Pierre Navaille, 13 ans.........
Jean Brassier, 19 ans..........
Surot, 18 ans...............
M. Lormier...............
Chamboulin, pion............
Cincinnatus, veilleur e nuit.....
M. Brassier père............
Bron..................
Le Surveillant général........
Le Pion................
Des Charmettes
Bezou
Maingourd } Elèves de 17 à 19 ans {
Tranel
Ambreville

Hélène Lormier............
*M*me *Brassier*..............
Mélie ....
Riban ....

Au lycée de Chambrun, en province.

ACTE PREMIER

*La salle d'étude des grands dans un lycée de pro-
vince. Vitrage au fond; une grande fenêtre s'ouvre
sur une petite cour qui sert de passage entre les
appartements du principal, les classes et la cour de
récréation des grands. En scène, plusieurs bancs
tous remplis d'élèves qui, vêtus de leur capote, un
paquet devant eux, attendent l'heure de la sortie.
Jean Brassier, des Charmettes, Bézou, Maingourd,
Tranel, Ambreville, seuls, ont des livres et des cahiers
ouverts devant eux. Au lever du rideau, dans la
chaire du professeur, est un pion. Il regarde la
porte d'un air mélancolique.*

Scène première

LE PION, LES ÉLÈVES, puis LE SURVEILLANT
GÉNÉRAL

LE PION, *s'adressant aux élèves du fond.* — Du silence,
là-bas.

> *Le surveillant général entre ; les élèves se lèvent et
> se rasseyent.*

LE SURVEILLANT GÉNÉRAL, *à la cantonade.* — Dites
à l'élève Blondin qu'il trouvera son exeat chez le
concierge... (*Au pion.*) Je viens de faire partir les
petits et les moyens, M. Grandorret les accompa-
gnera à la gare et à l'omnibus d'Amiens. Vous,
M. Dupuitois, vous accompagnerez ceux-ci à la gare
et au tramway de Saint-Béron. Je m'absente pour
deux jours; comme je m'en vais à Péronne, je me
charge des élèves qui vont dans la direction de Saint-
Quentin. Les exeats sont prêts?

LE PION. — Oui, m'sieu le surveillant général.

LE SURVEILLANT GÉNÉRAL, *montant sur le marchepied
de la chaire et aux élèves.* — Je vous rappelle que la
rentrée des vacances de Pâques aura lieu le lundi
de Quasimodo, avant huit heures et demie du soir,
et que, sous peine de consigne, vous devez être
accompagnés au collège par vos parents ou votre
correspondant. A l'appel de votre nom, vous venez

prendre l'exeat, vous sortez et vous vous mettez en rang, dehors à gauche... (Lisant.) Sont consignés dans le grand quartier... Tiens, il n'y en a qu'un. Naturellement, c'est Surot.

SUROT, ironique. — Ça m'étonne.

LE SURVEILLANT GÉNÉRAL. — Dispensez-vous de vos réflexions, n'est-ce pas? Vous devriez avoir honte d'être le seul consigné chez les grands.

SUROT. — C'est pas de ma faute; j'ai ça de naissance.

Rires parmi les élèves.

LE SURVEILLANT GÉNÉRAL. — Surot, vous me ferez cent vers pour avoir tant d'esprit... Du silence, vous autres, je prive de sortie tous ceux qui rient ou disent un mot... Du silence, vous dis-je; je fais l'appel... Bertrand, Ragot, Plumard, Duvelloy, Bardin, Siccard, Brassier...

A l'appel de leur nom, les élèves se lèvent, vont à la chaire ; ils reçoivent leur exeat des mains du surveillant général, puis ils sortent et vont se mettre en rang au dehors, ainsi qu'il leur a été ordonné.

JEAN. — Je reste pour travailler, monsieur le surveillant général.

LE SURVEILLANT GÉNÉRAL. — C'est vrai, ainsi que... Bézou...

Il consulte une autre liste.

BÉZOU, la bouche pleine. — Oui, m'sieu, je passe le bachot la semaine prochaine.

LE SURVEILLANT GÉNÉRAL. — Ça ne vous enlève pas l'appétit, je vois ça. (Rires.) Des Charmettes, Maingourd, Tranel, Ambreville, vous aussi êtes autorisés à rester travailler, n'est-ce pas? Surot aussi... Surot restant pour travailler, c'est admirable

SUROT, grincheux. — Qu'est-ce qui est admirable? Si je reste, c'est pas pour mon plaisir.

LE SURVEILLANT GÉNÉRAL. — Ça suffit: je m'entends. (Continuant.) Tattegrain, Reboulet, Achard... (S'interrompant.) Il fait un peu lourd, ouvrez donc, un instant, la fenêtre. (On ouvre la fenêtre et il continue.) Audiffret, Boissieux, Cabrol, Légitime, eh bien, Légitime, Casté, Lefort, Lunel, Morisson, Moisan, Pomereux. (A Pierre Navaille, qui entre avec un cartable.) Qu'est-ce que tu veux, toi?

PIERRE. — M'sieu le surveillant général, je viens

de chez les moyens. C'est m'sieu Gallois, le maître répétiteur, qui m'a dit qu'on réunissait les élèves qui restaient, de prendre mes livres et de venir dans la première étude.

LE SURVEILLANT GÉNÉRAL. — Tu es consigné?

PIERRE. — Non, m'sieu le surveillant général; mes parents ne sont pas encore venus me chercher.

LE SURVEILLANT GÉNÉRAL. — Resteras-tu ici pendant toutes les vacances?

PIERRE, après une hésitation. — Non, m'sieu le surveillant général.

LE SURVEILLANT GÉNÉRAL. — C'est bon. Place-toi où tu voudras.

JEAN, à demi-voix. — Pierre, viens à côté de moi.

PIERRE, touché. — Tu veux? Oh! tu es chic!

SUROT, le regardant et à mi-voix. — Il bluffe, tu sais, quand il dit qu'on viendra le chercher, l'atome! Ses auteurs le laissent moisir à la boîte toutes les vacances.

LE SURVEILLANT GÉNÉRAL, terminant l'appel. Durault, Caillard, Angelin... C'est tout? (Au pion.) Vous pouvez prendre la tête de la division. (Aux élèves.) Messieurs, n'oubliez pas que, si l'administration vous autorise à rester ici pendant les vacances, c'est pour travailler, pour vous permettre de donner, avant les examens, un dernier coup de collier. Etant donné que vous êtes des grands garçons, on vous laisse une certaine liberté; je fais donc appel à votre sentiment du devoir, à votre dignité personnelle, pour ne pas abuser de cette liberté. C'est là une faveur que, dans ous les lycées de Paris, et même dans les grands lycées des départements, on vous refuserait net. J'espère que vous comprendrez ce que l'administration fait pour vous et quelles obligations morales cela vous impose. D'ailleurs, même de loin, vous le savez, la vigilance de l'administration a l'œil sur vous. (Au pion et aux élèves qui sont dehors.) Allons, messieurs. (A ce moment, Chamboulin arrive, poussant devant lui un élève de taille moyenne.) Qu'est-ce que c'est que celui-là?

CHAMBOULIN. — Monsieur le surveillant général, c'est l'élève Riban. Je l'ai surpris à fumer dans les cabinets.

SUROT, à mi-voix. — Sale cafard, va!

Le Surveillant général. — Qui est-ce qui a élevé la voix? C'est vous, Surot?

Surot, ironique. — Je me parlais à moi-même.

Le Surveillant général. — Tâchez de garder vos conversations pour vous. (A l'élève.) Vous fumiez dans les cabinets, cinq minutes avant la sortie. Vous pouvez vous vanter de n'avoir pas l'esprit d'à-propos.

Riban, larmoyant. — C'est pas vrai, m'sieu le surveillant général. Je fumais pas.

Chamboulin. — M'sieu le surveillant général, j'ai vu la fumée sortir des cabinets des moyens. Je me suis approché. L'élève Riban était dedans.

Riban, même jeu. — Ça prouve pas que j'ai fumé. C'est peut-être un autre qui est venu avant moi qui a fumé.

Le Surveillant général. — Je la connais, celle-là... Nous allons bien voir. Approchez, approchez encore... (Avançant son nez vers la bouche de l'élève.) Soufflez!...

Riban, retenant son souffle. — Heu!..

Le Surveillant général. — Je ne vous dis pas de faire: heu! Je vous dis de souffler.

Riban. — Je peux pas, m'sieu, je suis enrhumé.

Le Surveillant général. — Eh bien, pour guérir votre rhume, vous aurez un jour de consigne.

Riban. — M'sieu le surveillant général, j'ai pas fumé, j'ai pas fumé.

Le Surveillant général. — Soufflez alors. (Se penchant davantage sur la bouche de l'enfant.) Ça suffit, mon bel ami, vous sentez le tabac; vous n'y couperez pas de deux jours de consigne.

Murmure général.

Riban, sanglotant. — C'est pas vrai, j'ai pas fumé, j'ai pas fumé.

Le Surveillant général. — Allez-vous vous taire, vous autres, ou j'inflige une consigne générale à l'étude. Vous, mon bonhomme, allez chercher vos livres, vous me traduirez quatre pages d'allemand ce matin et quatre ce soir.

Riban, pitoyable. — Puisque je vous dis que c'est pas moi, m'sieu le surveillant général. C'est pas moi... Je peux pas être consigné. Et puis, c'est la fête de ma mère, aujourd'hui... Ah! ah! ah!

A ce moment, Hélène Lormer passe, très élégante, devant la fenêtre ouverte.

LE SURVEILLANT GÉNÉRAL, bas à Riban. — Voulez-vous vous taire, vous, voilà la femme du principal qui passe.

Tous les élèves regardent. Brassier a eu un regard rapide vers Hélène, puis il se retourne comme fâché. Pierre Navaille l'observe.

RIBAN, se mettant à crier plus fort, entre ses sanglots. — J'ai pas fumé! J'ai pas fumé! C'est la fête de ma mère... Houlà! Houlà!

HÉLÈNE, s'approchant. — Qu'y a-t-il donc, monsieur le surveillant général?... Un enfant est-il malade?...

LE SURVEILLANT GÉNÉRAL. — Non, madame Lormier. C'est ce garnement de Riban qu'on a surpris à fumer dans les cabinets et que je viens de consigner.

RIBAN. — C'est pas vrai, madame, j'ai pas fumé! J'ai pas fumé!

LE SURVEILLANT GÉNÉRAL. — Taisez-vous, vous empoisonnez le tabac.

RIBAN. — C'est pas vrai... Voulez-vous sentir, madame?

HÉLÈNE, souriant. — Non, mon ami. Vous ne pouvez donc pas attendre d'être en dehors du collège?

RIBAN, sanglotant. — Puisque je vous dis, madame, que je n'ai pas fumé! Je n'aurais pas fait ça le jour de la fête de ma mère. On doit la lui souhaiter ce soir; alors, si je suis consigné, ça va lui porter un coup... (Voyant qu'Hélène regarde le surveillant général.) J'ai pas fumé... Monsieur Chamboulin n'a pas vu.

HÉLÈNE. — S'il y a un léger doute, et puisque c'est la fête de sa maman, ne pourriez-vous pas, monsieur le surveillant général, être indulgent pour cette fois!

LE SURVEILLANT GÉNÉRAL. — Vous êtes trop bonne, madame, pour ce garnement. (A Riban.) Passe pour cette fois, mais faites attention. J'aurai l'œil sur vous.

HÉLÈNE. — Merci, monsieur le surveillant général, vous êtes le plus aimable des hommes. Cet enfant aura à cœur de reconnaître votre indulgence.

LE SURVEILLANT GÉNÉRAL, à Riban. — Vous ne remerciez pas madame la principale?

RIBAN, s'essuyant les yeux et s'approchant de la fenêtre. — Merci, madame. Je dirai à maman combien vous êtes gentille. (Bas.) Mais, vous savez, j'en ai grillé une.

HÉLÈNE. — Voulez-vous bien vous taire ou je vous fais consigner.

> Elle salue le surveillant général. Hélène regarde du côté de Brassier qui a un regard vers elle : elle se détourne très vite et s'entretient avec le surveillant général qui, à chaque réplique, s'incline.

PIERRE, à Brassier. — Dites donc, c'est rudement chic ce qu'elle vient de faire là, Mme Lormier. Chamboulin en était baba.

> Brassier hausse les épaules sans répondre.

AMBREVILLE, à Surot. — Elle est rudement bien, la patronne.

SUROT. — T'emballes pas mon vieux, c'est pas pour ton bec.

AMBREVILLE. — Tu es bête. Elle est belle comme la Vénus, tu sais, dont il y a un plâtre au musée.

TRANEL. — Elle est bien plus belle, puisqu'elle est vivante, idiot.

AMBREVILLE. — Comme je comprends qu'on fasse mille bêtises pour être aimé d'une pareille créature.... Je serais capable de me faire flanquer à la porte du bahut, moi! Je me demande comment font ceux qui l'approchent pour ne pas l'aimer...

SUROT, clignant de l'œil. — Sois tranquille, mon vieux, ils en pincent.

PIERRE, à Jean. — Tu la trouves bien, toi, Mme Lormier?

JEAN. — Laisse-moi donc travailler...

HÉLÈNE. — Bonnes vacances, monsieur le surveillant général...

> Elle fait un pas. Des Charmettes se précipite.

DES CHARMETTES. — Madame, vous avez laissé tomber votre gant.

> Il se baisse par la fenêtre ouverte pour le ramasser et le tend à Hélène.

HÉLÈNE, souriant. — Merci, monsieur des Charmettes.

DES CHARMETTES. — Mes doigts en resteront parfumés, madame.

> Mme s'incline en souriant et passe.

JEAN, presque haut. — Quel idiot, ce des Charmettes... Je le déteste !

LE SURVEILLANT GÉNÉRAL, aux élèves restés dans l'intérieur. — Messieurs, vous avez étude jusqu'à l'heure du goûter... (Aux élèves en dehors.) En route, vous autres...

> Il s'éloigne. Les élèves restés à l'étude s'installent. Ambreville va à son casier et prend un traité d'algèbre.

Scène II

LES MÊMES, moins LE SURVEILLANT GÉNÉRAL, puis CINCINNATUS

> Un silence. Ambreville est allé au tableau noir et y trace des équations. A son banc, le petit Pierre Navaille s'est mis à travailler ; il recopie son devoir ; il s'applique et sort un bout de langue. Brassier lit et prend des notes ; au deuxième banc, Maingourd, au premier plan, travaille avec acharnement ; au troisième banc, premier plan, Surot roule une copie en boulette et, du doigt, il s'apprête à la lancer. Sera-ce à droite, sera-ce à gauche ? Il hésite... Au deuxième plan, troisième banc, Bézou mange du fromage de cochon. Sur le pupitre, près de la chaire, des Charmettes, un miroir à la main, fait sa toilette. Surot a pris un parti et il refait sa boulette et, tout à coup, il la lance vivement, par-dessus Maingourd, sur Navaille, puis il feint de travailler. Pierre, atteint à la tête, sursaute, se retourne et se trouve en face de Maingourd qui bûche sans lever le nez. Pierre se remet au travail mais on sent qu'il guette. Surot recommence le jeu de la boulette, cette fois Pierre bondit et gifle Surot. Brouhaha.

PIERRE. — Là... Tu l'as pour toi...

SUROT, sautant sur ses pieds. — Sale bête... tu me payeras ça !...

PIERRE, se sauvant autour des bancs. — Houlà !... Houlà !... Au secours !...

SUROT. — Attends un peu !... Tu vas voir cette tournée !...

PIERRE, revenant en scène. — Brassier !... Défends-moi !

> Brouhaha. Tous s'arrêtent de travailler.

Surot. — Je te tiens !

Jean, s'interposant. — Veux-tu le lâcher !..

Surot, lâchant Pierre. — Est-ce que ça te regarde !.. C'est cette petite vermine qui est venue me frapper !...

Pierre. — Il passe son temps à me taquiner.

Bézou, la bouche pleine. — Ça c'est vrai ! Je l'ai vu !...

Jean. — Ah ! tu entends Bézou !... Pourquoi ne le laisses-tu pas tranquille, cet enfant ?...

Surot. — Moi !... Est-ce que j'y touche !.. à ce petit laissé pour compte ?...

Pierre, bondissant. — Oh !... Lâche !... Cancre !... Recalé au bachot !...

Surot. — Qu'est-ce que tu dis ?

Pierre. — Recalé... Recalé... Recalé...

Surot. — Je te retrouverai, petit chameau !... Et je ne te raterai pas !...

Jean. — Ça, je te le défends...

Surot. — Quoi !... Tu me défends !... Toi, d'abord, le normalien, tu commences à m'échauffer les oreilles...

Tranel. — Ah ! Bataille !... Bataille !...

Tous. — Chic !...

Maingourd. — Oh ! non !... Je vous en prie !... Un peu de silence qu'on puisse travailler !...

Jean. — Pardon. Si tu veux, je suis ton homme, Surot.

Il s'avance.

Surot, regagnant son banc. — Suffit ! Toi, c'est pas comme ça que j' t'aurai... mais je te rattraperai sans courir !...

Pierre, riant. — Il cane !... Il cane !...

Jean. — Allons, laisse-le tranquille et regagne ta place...

Pierre. — Je veux bien !... Mais il a cané !...

Cincinnatus, le veilleur, entrant avec des lettres. — Voilà le courrier !

Des Charmettes. — Comment, il est déjà cinq heures !

Ambreville. — Noble Cincinnatus, as-tu des lettres pour moi ?...

Cincinnatus. — Oui... Ambreville... une... Monsieur Surot... une... Monsieur Tranel... deux... Monsieur Brassier... une lettre.

JEAN. — Merci !

CINCINNATUS. — Monsieur Maingourd... Eh... le pipot !... Monsieur Maingourd ?

MAINGOURD, tiré de son travail. — Hein... Quoi... Ah ! une lettre, merci !...

CINCINNATUS. — Vous n'êtes pas pressé, vous.

Lui prend la lettre et la met dans sa poche et se remet au travail.

BÉZEU, la bouche pleine. — Merci... merci... Dis donc, Cincinnatus, on ne va pas bientôt goûter ?

CINCINNATUS. — Tout à l'heure. Il meurt de faim la bouche pleine, cet enfant !... Ah ! Monsieur le vicomte des Charmettes... et qui embaument...

DES CHARMETTES. — Donnez... Merci, mon ami !...

CINCINNATUS. — Poseur !... On voit bien qu'il prépare Saint-Cyr, celui-là...

PIERRE, s'approchant et profitant que tout le monde est occupé à lire pour interroger le veilleur. — Eh ! monsieur Cincinnatus !

CINCINNATUS. — Monsieur Navaille ?

PIERRE, faussement détaché. — Il n'y a pas de lettres pour moi, aujourd'hui ?

CINCINNATUS. — Pas plus aujourd'hui que hier, monsieur Navaille.

PIERRE. — Tu es sûr ?

CINCINNATUS. — Sûr... ce sera peut-être pour l'autre courrier !

PIERRE, le cœur gros. — Peut-être... Oui... merci, Cincinnatus...

CINCINNATUS. — Il n'y a pas de quoi. *(S'éloignant.)* Pauvre petit bonhomme.

CHAMBOULIN, le pion, paraissant au fond. — Messieurs, il est cinq heures cinq. Bien que nous soyons en vacances de Pâques, M. le principal désire que vous fassiez l'emploi de votre temps comme à l'ordinaire...

SUROT. — Oh ! la barbe !

CHAMBOULIN. — Monsieur Surot, taisez-vous !... Messieurs, c'est l'heure du goûter et de la récréation. Venez au gymnase !...

Les élèves se préparent.

SUROT. — On ira si l'on veut, c'est les vacances.

CHAMBOULIN. — Monsieur Surot !...

SUROT. — Tu nous embêtes !

CHAMBOULIN. — Monsieur Surot, je vous défends.

de me tutoyer...

SUROT, s'avançant. — Quoi!... Tu n'es pas content!...

CHAMBOULIN, s'éloignant prudemment. — C'est bon!... Je ferai mon rapport... (A Maingourd qui reste absorbé.) Maingourd?...

> Les pupitres, fermés par les élèves, claquent comme une fusillade.

MAINGOURD, ahuri. — Eh... Plaît-il?...

CHAMBOULIN. — Allez au gymnase...

> Maingourd se lève en emportant son livre.

TRANEL. — Qui est-ce qui fait une course au mur?

AMBREVILLE et DES CHARMETTES. — Chiche!... Une, deux, trois...

> Les trois sortent en courant.

CHAMBOULIN, les suivant. — Pas de désordre, messieurs!... Pas de désordre!...

BÉZOU. — Oh! que j'ai faim!... Tu viens manger, Surot?...

SUROT. — Ça va!... (A Pierre, en passant.) Eh! l'objet perdu, t'as reçu des lettres de chez toi?

PIERRE, rouge. — Oui... deux... une lettre de papa.... et une de maman...

SUROT. — Menteur!... Montre-lès...

PIERRE. — Non, tu ne les verras pas!...

SUROT. — Ils ne divorcent donc plus tes parents?

PIERRE, furieux. — Ça ne te regarde pas! Recalé!

SUROT, sortant en riant avec Bézou. — Ha!... ha!... Il est furieux, le petit coq!

Scène III

JEAN BRASSIER, PIERRE, puis LORMIER et CHAMBOULIN

JEAN. — Tu ne vas pas jouer!

PIERRE. — Non!... Ils ne veulent pas de moi!... Je suis trop petit, je les rase... Il n'y a que toi que je n'embête pas!... Je ne t'embête pas, hein?...

JEAN. — Non, mon vieux, au contraire!

PIERRE. — Ah!... tu es un chic type, toi, mon vieux... T'as rudement remisé cette sale bête de Surot, tout à l'heure!... Tu sais, je n'oublierai pas ça!...

JEAN. — Laisse donc, ça n'en vaut pas la peine!...

PIERRE. — Oh! il t'en veut aussi à toi... Méfie-toi!... Il est vengeur!...

JEAN. — Pas « vengeur... » vindicatif.

PIERRE. — Oh! tu sais; soit... vindicatif... Il te jouerait un pied de cochon que ça ne m'étonnerait pas. Mais n'aie pas peur!... Je t'ai à l'œil!...

JEAN, riant. — Je suis bien défendu!...

PIERRE. — Mon vieux, t'es mon seul ami au monde!... Et j'ai un principe : les ennemis de mes amis sont mes ennemis... Dis donc, t'as l'air content!... T'as reçu des nouvelles de tes parents?...

JEAN. — Oui... Ils viendront me voir demain...

PIERRE. — Chic!... C'est égal, c'est courageux ce que tu as fait, de t'enfermer ici au collège de Chamaran, pendant les vacances de Pâques, au lieu d'aller te reposer dans ta famille.

JEAN. — Il le fallait bien!... Si je veux être normalien à la fin de l'année, je dois bûcher ferme! L'examen est difficile... du reste, les autres grands sont dans le même cas: Tranel, qui prépare les hautes études commerciales; Bézou, qui prépare la licence ès lettres... Des Charmettes, Ambreville... Ils sont tous restés pour travailler... Surot lui-même...

PIERRE. — Lui? Il a été recalé trois fois au bachot!... Quelle honte! Mais toi, j'ai comme une idée qu'il y a autre chose qui t'a fait rester...

JEAN. — Mon amitié pour toi, mon petit Pierre!

PIERRE. — Oui... Y a ça... et puis autre chose aussi.

JEAN. — Qu'est-ce que tu veux dire?...

PIERRE. — Rien, rien... Mon vieux!... Une idée à moi... que j'ai comme ça!...

JEAN. — Quel drôle de petit garçon tu fais!...

PIERRE. — Oh! je ne suis pas si petit garçon que tu crois!...

JEAN. — C'est vrai! Tu auras bientôt quatorze ans!... Il paraît que toi aussi tu as reçu des lettres de chez toi?...

PIERRE. — Non.

JEAN. — Je t'entendais dire à Surot...

PIERRE. — C'était une blague!... S'il avait su que je n'avais pas de lettres, il aurait été trop content de me narguer... Non... j'ai des parents pas ordinaires... Ils m'ont oublié ici...

JEAN. — Mon pauvre vieux!

PIERRE. — Que veux-tu !... Ils sont en train de divorcer... Il paraît même qu'ils se disputent à qui m'aura... Mais, en attendant, aucun d'eux ne veut que j'aille chez l'autre... Alors, je reste au collège, par ordre du juge... Et mes parents sont si occupés à me disputer ma personne qu'ils n'ont pas le temps de venir me voir... ni de m'écrire. C'est drôle, hein ?...

JEAN. — Je te demande pardon de t'avoir parlé de ça !... Je t'ai fait de la peine sans le vouloir...

PIERRE. — Non... Je commence à m'y habituer. Pourtant, tout petit, c'était une de mes peurs... Je me disais : « Mon Dieu !... Pourvu que mes parents ne divorcent pas !... Fichez-moi la scarlatine, la rougeole, les oreillons, tout ce ne vous voudrez, mais faites que papa et maman ne divorcent pas !... » Eh bien, j'ai eu la scarlatine, la rougeole, et mes parents ont divorcé tout de même !...

JEAN. — Ce n'est pas sûr !... Ils vont peut-être se remettre...

PIERRE. — Pas moyen !... Maman pardonne... Mais papa, lui, ne pardonne pas qu'elle lui pardonne... Alors, c'est cuit... C'est égal, si je n'avais pas eu ton amitié, je crois que je me serais flanqué dans la rivière, un jour de sortie...

JEAN, ému. — Pierre !...

PIERRE, lui serrant la main. — Ne crains rien !... La crise est passée... Mais tu vois que je ne suis plus tout à fait un petit garçon !...

JEAN, riant. — Certes, et Surot n'a qu'à bien se tenir.

PIERRE. — Oh! Surot !... Je te le répète, il t'en veut... et je crois qu'il en sait plus long qu'il n'en veut dire !

JEAN. — Que sait-il ?

PIERRE. — Ecoute, Brassier ! Tu ne vas pas te fâcher... Mais quand on aime bien les gens, ou quand on les déteste, on les surveille malgré soi. Eh bien, je crois que Surot en connaît autant que moi sur ton compte... et sur le compte d'une autre personne...

Un temps.

JEAN. — Mon petit Pierre, tu l'as dit, tu n'es plus un enfant. Quoi que tu aies appris, tu me donnes ta parole d'honneur que tu n'en parleras jamais, à qui que ce soit ?

PIERRE. — Oh! ce n'était pas la peine de me demander ma parole... mais je te la donne quand même...

Il lui tend la main.

JEAN, *lui serrant la main.* — Merci, mon vieux... Et, maintenant, allons goûter...

PIERRE. — Oui... Je parie que Bézou a déjà confisqué tous les croûtons dans la corbeille à pain!... Oh! gare! Le grand singe vert!...

JEAN. — Quel singe?...

PIERRE. — Le principal... M. Lormier!

LORMIER, *entrant.* — Ah! je vous cherchais, Brassier.

JEAN. — Monsieur le principal!...

LORMIER. — J'ai vos papiers pour l'examen... Les voici... Ils sont en règle...

Il lui tend des papiers.

JEAN. — Je vous remercie, monsieur le principal

Il prend les papiers.

LORMIER. —Vous avez de bonnes nouvelles de vos parents?

JEAN. — Très bonnes, je vous remercie, monsieur. Ils m'annoncent leur visite pour demain.

LORMIER. — Tant mieux!... J'espère que votre père viendra me serrer la main!... Nous avons été camarades de promotion, nommés professeurs la même année, ainsi que le regretté Gandouille, qui fut le principal du collège avant moi. C'était le temps où les universitaires aimaient leur métier... Alors, on avait la vocation, Chamboulin!

CHAMBOULIN. — On l'a toujours, monsieur le principal.

LORMIER. — Ouiche!... Aujourd'hui, on entre dans le professorat, en attendant mieux!... On devient ensuite journaliste, critique dramatique, conférencier... écrivain ou député... Et on lâche l'enseignement dont on a honte... Ç'a été l'honneur de votre père, Brassier, qu'il ait voulu rester professeur toute sa vie... Il était vraiment un maître!

JEAN. — Je suis son élève, monsieur.

LORMIER. — Un élève qui lui fait honneur...

PIERRE. — Et au collège aussi...

LORMIER. — ...et au collège aussi!... Vous êtes sûr de rentrer à Normale dans les premiers... Je trouve même que vous travaillez trop...

JEAN. — Moi?

LORMIER. — Ah! oui!... depuis quelques semaines, votre caractère semble changer... M. Chamboulin me dit que vous vous exténuez à piocher, même pendant les vacances... Croyez-moi, n'exagérez pas... reposez-vous un peu...

PIERRE. — C'est pas à Surot qu'on dirait ça!...

JEAN. — Je vous remercie, monsieur, pour l'intérêt que vous voulez bien me témoigner... mais je vous assure que je ne me fatigue pas.

LORMIER. — Ah! autre chose!... Dans le temps, vous veniez dîner chez moi une fois par semaine... Vous avez brusquement interrompu vos visites. Pourquoi?

JEAN. — Excusez-moi... mais j'ai tant à faire!...

LORMIER. — Je vous ferai gronder par vos parents!... Allez, mon ami, prenez un peu d'air et d'exercice!... que diable! *Arcum semper si tensum...* Allez!...

PIERRE, sortant avec Brassier. — Mâtin!... Ce que t'es bien de la maison!

- Scène IV

LORMIER, CHAMBOULIN, puis HELENE

CHAMBOULIN. — C'est un étrange garçon que ce Brassier.

LORMIER. — Vous avez à vous plaindre de lui, monsieur Chamboulin?

CHAMBOULIN. — Nullement; c'est le plus calme de toute l'étude.

LORMIER. — Les autres vous donnent du fil à retordre, hein?... C'est qu'ils sont tout près d'être des hommes: ils sont les Grands, eux... que l'on ose plus punir... ceux qu'on laisse fumer en cachette... Ils ont déjà leur ambition, leurs projets. Et aussi leurs passions, leur caractère... Tels vous les voyez ici, tels ils seront dans la vie; et vous pouvez, par avance, leur assigner leur place : il y a ceux qui commanderont, ceux qui obéiront, ceux que conduira un idéal et ceux qui ne suivront que leur instinct et leur bas plaisir; et, enfin, ceux qui n'auront pas d'histoire, les inutiles! Les forts en thème, comme Maingourd, et les cancres, comme Surot. Voilà le seul agrément de notre triste métier, Chamboulin: voir se former peu à peu des personnalités et les aider, si nous pouvons. Quand on a obtenu un être droit, courageux, volontaire, comme Brassier, on se dit qu'après tout ce n'est déjà pas si bête de rester principal dans un petit collège de province.

CHAMBOULIN. — Mais vous ne resterez pas toujours à Chambrun; on vous doit de vous rapprocher bientôt de Paris?

LORMIER. — Certes, on me le doit; je n'ai jamais eu d'ennuis, ni avec la municipalité, ni avec la société d'ici, qui est plutôt cléricale... J'ai pu lutter contre la propagande des pères de l'établissement Lacordaire, maintenir le collège... J'ai trop bien réussi, on ne veut pas m'accorder mon avancement... Et, après tout, je ne le désire guère... J'ai cinquante ans... le meilleur de mon existence s'est passé ici.

CHAMBOULIN. — Restez à Chambrun, puisque vous vous y plaisez.

LORMIER. — Sans doute; mais je suis marié, monsieur Chamboulin... et Mme Lormier, qui a vingt-cinq ans, trouve que Chambrun est bien triste; et je ne puis pas lui donner tort. Chambrun n'offre aucune ressource; et ma femme désire vivement que je sois nommé à Paris. Depuis quatre ans que nous sommes mariés, elle me répète que ma place est dans un grand lycée. Aussi, je me suis décidé, je vais intriguer!

CHAMBOULIN, riant. — Vous, monsieur, Lormier, intriguer!

LORMIER. — Certainement! Ce n'est pas si difficile... On dit de moi tout le bien qu'on pense des autres!... J'ai demandé une audience au ministre... Je pars ce soir... Je verrai demain notre grand maître de l'Université...

CHAMBOULIN. — Vous pensez qu'il vous accordera votre changement?

LORMIER. — Nullement!... Mais Mme Lormier me laissera tranquille pendant quelques semaines; ce sera toujours ça de gagné.

CHAMBOULIN. — Tenez... la voici... elle vous

cherche...

LORMIER. — Ah!... Je vais lui annoncer la bonne nouvelle... Vous verrez comme elle sera ravie!...

HÉLÈNE, entrant. Elle est en toilette de ville : chapeau, ombrelle. — Je suis rompue!... Depuis que je ne t'ai vu, cher ami, j'ai fait dix visites!... Bonjour, monsieur Chamboulin.

CHAMBOULIN, saluant. — Madame!...

LORMIER. — Dix visites!... En une seule journée!

HÉLÈNE. — Pas une de moins, mon ami... J'ai vu la sous-préfète, la receveuse des contributions, la femme du président, la commandante de la gendarmerie, la directrice des postes qui m'a reçue en manches de lustrine, la comtesse de Moyreaux, Mᵐᵉ Jubert, la femme du député, ça peut servir! J'ai déposé ma carte chez Mᵐᵉ Pardu, la sœur de l'évêque, ça peut servir aussi. Et, pour finir, deux visites sans importance. Me voilà tranquille pour un mois.

LORMIER. — Ma chère Hélène, vous n'aurez plus longtemps à rester dans cette triste ville...

HÉLÈNE. — Comment? Que voulez-vous dire?

LORMIER. — Je crois que d'ici peu nous quitterons Chambrun.

HÉLÈNE. — Ce n'est pas possible!... On va vous déplacer?...

LORMIER. — Oui... puisque vous le désirez!...

HÉLÈNE. — Je désire rester ici. Vous vous plaisez à Chambrun. C'est une raison pour que je m'y plaise.

LORMIER. — Par exemple!... Vous m'aviez dit, il n'y a pas deux mois, que vous vous mouriez d'ennui dans ce trou de province.

HÉLÈNE. — Je n'étais pas encore acclimatée... Maintenant, je m'y fais... Toutes ces dames m'ont paru charmantes et, cependant, elles m'ont toutes accueillie par la même phrase désagréable: « Oh! chère madame!... Comme vous vous habillez d'une façon voyante, pour une femme de principal! » Il paraît que je fais fantaisie, comme on dit au régiment!... C'est surtout mon chapeau qu'elles ne peuvent pas admettre...

LORMIER. — Il est un peu grand...

HÉLÈNE. — Bien... J'en sacrifierai la moitié... Je

suis prête à toutes les concessions; mais ne me demandez plus de quitter Chambrun!...

LORMIER. — Monsieur Chamboulin, il faut que je parle à l'élève Surot. Voulez-vous me l'envoyer?

CHAMBOULIN. — Tout de suite, monsieur le principal. (Saluant.) Madame!

... Il sort.

Scène V

LORMIER, HÉLÈNE, puis CHAMBOULIN, SUROT

LORMIER. — Je suis très étonné, Hélène... Je croyais vous faire plaisir en demandant mon déplacement; j'avais même résolu de partir ce soir pour Paris?

HÉLÈNE. — Ah?

LORMIER. — Oui... J'avais demandé audience pour demain matin. Je vais télégraphier, afin de m'excuser.

HÉLÈNE, vivement. — Vous avez peut-être tort... Puisque vous avez demandé une audience, il serait maladroit de ne pas vous y rendre.

LORMIER. — Vous venez de me dire à l'instant...

HÉLÈNE. — J'ai dit que je m'inclinais, voilà tout! Vous ne comptez pas vous enterrer à Chambrun, cependant. J'ai de l'ambition pour vous... Je suis furieuse de voir que vous abandonnez à des médiocres la place qui vous est due; quand je pense que Chabornac est du conseil supérieur!

LORMIER. — Ça c'est vrai! Si j'avais voulu, je serais du conseil supérieur aussi... je serais inspecteur d'académie... J'ai tous les titres...

HÉLÈNE. — Et vous connaissez le nouveau ministre de l'Instruction, Delacour-Manverdun!

LORMIER. — Si je le connais!... Je lui ai donné, dans le temps, des leçons de grammaire! Il n'en a pas profité, du reste!

HÉLÈNE. — Eh bien, cet homme-là sera ravi de vous protéger.

LORMIER. — Il me l'a assez souvent demandé. Avec ça, je suis le seul principal de France qui n'ait pas eu d'histoires. Et puis, il y a longtemps que l'on n'a rien fait pour la province...

Hélène. — Ne laissez pas échapper l'occasion.

Lormier. — Alors... c'est entendu... Je pars! Hein?...

Hélène. — Cela vous regarde...

Lormier. — Ma chère Hélène, vous êtes charmante... mais vous avez un défaut: vous manquez de précision... Je partirai ce soir par le train de six heures quarante-cinq...

Hélène. — Je vais préparer votre valise!...

Lormier. — Allez... Je vous rejoins... il faut d'abord que je secoue d'importance l'élève Surot...

Hélène, sortant. — Chamboulin l'amène... Il me déplaît, ce Surot! Ne vous mettez pas en retard!

Elle sort, oubliant son ombrelle sur un banc.

Scène VI

LORMIER, CHAMBOULIN, SUROT

Chamboulin. — Monsieur le principal?...

Lormier. — Faites entrer!...

Il se promène de long en large.

Surot, après un silence. — Monsieur, vous m'avez fait appeler?...

Lormier. — Oui... Approchez, monsieur Surot. Je suis très mécontent de vous!

Surot. — Ah!... Ça ne m'étonne pas!...

Lormier. — Vous avez été refusé trois fois à la première épreuve du baccalauréat... Si je vous ai gardé, après ces échecs successifs, c'est parce que vos parents m'en ont supplié.

Surot. — Bien entendu!... Moi, je n'y tenais guère.

Lormier. — Devant eux, vous avez pris l'engagement formel de travailler...

Surot. — Oh!... Maman pleurait... Alors!...

Lormier. — Et vous n'avez pas tenu votre parole...

Surot. — Je ne peux pas travailler comme ça enfermé!...

Lormier. — Oui... Le jour vous ne faites rien... et la nuit, vous vous sauvez par-dessus le mur.

Surot. — Moi?

LORMIER. — Vous!... Et, non content de tromper la surveillance de monsieur Chamboulin, le préposé à votre dortoir...

SUROT, menaçant. — Ah! c'est lui qui m'a mouchardé...

Chamboulin recule vivement.

LORMIER. — Monsieur Chamboulin a fait son devoir en me révélant que vous aviez découché quatre fois...

CHAMBOULIN. — Cinq fois, monsieur le principal...

Pantomime menaçante et discrète de Surot à l'adresse de Chamboulin.

LORMIER. — Vous avez enfin compromis le collège de la façon la plus honteuse... En effet, M. Bron, notre digne économe, vous a surpris attablé dans un cabaret mal famé de la rue des Remparts: *la Truie qui fume*. Est-ce vrai?

SUROT. — C'est vrai...

LORMIER. — Ce n'était pas votre place!...

SUROT. — Ce n'était pas non plus la place de l'économe!...

LORMIER. — Assez!... M. Bron vous avait suivi, par intérêt pour vous!

SUROT. — Par intérêt pour moi!... et surtout pour Paméla, la caissière de *la Truie*...

LORMIER. — Monsieur Surot!...

SUROT. — Ah!... C'est elle-même qui me l'a raconté.

LORMIER. — Taisez-vous... M. Bron est au-dessus de vos insinuations... Votre conduite devient un scandale public!...

SUROT. — Quoi!... J'ai dix-huit ans!... Je suis sevré!...

LORMIER. — Ne répondez pas insolemment!... Certes, je passe beaucoup de choses aux grands; je leur donne toute la liberté possible, à condition qu'ils n'en abusent pas! Mais je ne tolérerai pas que vous preniez mon établissement pour un hôtel!... Aussi, je vous donne le choix: vous obéirez comme les autres, et vous vous plierez à la discipline... ou bien, vous partirez!...

SUROT, inquiet. — Oh!... Monsieur le principal!... ce n'est pas possible!

Lormier. — En outre, si vous restez, vous serez puni de sortie jusqu'à la fin de l'année!

Surot. — Monsieur le principal!

Lormier. — Ah!... C'est à prendre ou à laisser!

Surot, sombre. — Vous savez bien que je suis forcé de céder. Mon père ne me pardonnerait pas si je m'en allais... (Frappant sur un pupitre.) Et on prétend que les années de collège sont les meilleures!... Ah!... Misère!...

Lormier. — Je vous engage à vous plaindre!... Vous êtes une victime!

Surot. — Certainement... Sous prétexte que je suis mauvais élève, le dernier, c'est sur moi que l'on se venge... c'est moi qui encaisse toutes les punitions... on a fait de moi la bête noire de tous les professeurs, de tous les répétiteurs... on me reproche d'avoir été recalé, on m'humilie devant les autres... Quand il y a un carreau de cassé, une porte fendue, un banc démoli, on ne cherche pas qui a fait le coup: c'est Surot!... Ce n'est pas de ma faute si je suis un cancre, je suis né comme ça: il n'y a pas à se débattre; dès que je suis entré à la boîte, ma place a été au bout, au dernier banc; on m'y a toujours relégué... et on ne s'est occupé de moi que pour me flanquer des colles et des retenues. Pas étonnant si j'ai été séché au bachot! Je n'ai jamais fait de devoirs... je n'avais pas le temps, à cause des pensums... Je ne suis pas sorti cinq dimanches sur quarante... Je n'ai pas un camarade, pas un ami!... Je suis le cancre, quoi!... Ah! elles sont belles mes années de collège, et je m'en souviendrai avec joie!...

Lormier. — Mon pauvre enfant, il ne faut vous en prendre qu'à vous!

Surot. — Oh! bien entendu!... les bons exemples ne m'ont pas manqué... Il y en a ici qui ont droit à toutes les indulgences: le vicomte des Charmettes, dont le père est député; Maingourd, qui travaille comme un cheval de manège... ou le brillant Brassier, l'espoir du collège... Ah! celui-là!...

Lormier. — Il ne vous manquait plus que d'envier vos camarades!

Surot. — Brassier!... c'est le chou-chou!... Tout le monde l'aime! il est accompli, d'ailleurs!... Il est élégant, charmant, intelligent, bien élevé, laborieux...

plein d'avenir... il a tout pour lui!... Ah! qu'il est sympathique!... Il en est à tuer!...

LORMIER. — Prenez garde, vous en parlez comme Caïn parlait d'Abel!

SUROT. — Si Caïn a tué Abel, c'est qu'Abel a dû l'écœurer à force de perfection...

LORMIER. — Surot, j'augure tristement de vous... Vous avez un très mauvais esprit...

SUROT. — Je suis mauvais... mais je n'ai pas d'esprit... que voulez-vous, il y a ceux qui ont de la veine et ceux qui n'en ont pas... moi, je n'ai pas de veine... Avec ça, j'ai un caractère de chien... pas de chien couchant, allez! j'y vois clair, toutefois... et je crois que j'y vois plus clair que d'autres!

LORMIER. — Que voulez-vous dire?

SUROT. — Rien!... je sais ce que je sais... Et ce que je sais me console!... C'est bon, je resterai collé jusqu'à la fin de l'année... Et après?... Ah! après, je le quitterai, mon cher collège!... J'y aurai connu assez de vilenies, de mensonges, de dégoûts! Il m'a bien préparé à l'existence!

LORMIER. — Décidément, mon pauvre garçon, nous ne ferons rien de vous!

SUROT. — Qui sait?... J'ai de l'étoffe!...

Mélie, la bonne, parle bas, à la porte, à Chamboulin.

CHAMBOULIN, redescendant. — Monsieur le principal, Mme Lormier vous avertit que votre valise est prête...

LORMIER. — J'y cours... Ah! Chamboulin... Avant mon départ, je vous reverrai.

Il sort.

SUROT, à Chamboulin qui recule, effrayé, devant lui. — A nous deux!... C'est toi, sale jésuite, qui m'as mouchardé au singe?

CHAMBOULIN, reculant, effrayé. — Monsieur Surot... je vous défends de me parler ainsi!

SUROT. — Oui!... que je te rencontre dans le préau à nuit tombée. Tu verras cette tournée!...

CHAMBOULIN, se sauvant. — Oh! je n'ai pas peur de vous!... (A la porte.) Vous me ferez cent lignes mot à mot.

Il disparaît.

SUROT. — Et ta sœur!... Me voilà collé pour trois mois! S'il n'y avait pas maman, ce que je les planterais là!... Espèce de crétin!... J'ai compromis le collège!... Ta femme te trompe, et tu ne le vois pas!... (*Apercevant l'ombrelle d'Hélène qui est restée sur un banc.*) Tiens... elle a oublié son ombrelle!... Si je la prenais pour l'offrir à Paméla qui n'en a pas?... Non!... Il faudrait la sortir et ça... Impossible, mille regrets!... Tant pis!... Ah! la belle Hélène qui revient. Elle cherche son riflard... A moins que... Oh! y ça, ça serait drôle.

Il entre dans la chaire du professeur et se cache.

Hélène entre, va chercher son ombrelle et attend.

SUROT, l'épiant. — Elle ne s'en va pas?... Elle prend racine?

Jean paraît.

Scène VII

SUROT, caché, JEAN BRASSIER, HELENE

JEAN. — Bonjour, madame... Vous m'avez fait appeler?

HÉLÈNE. — Il le faut bien!... Monsieur Jean, vous êtes devenu si sauvage!... Vous ne venez plus à la maison. Je suis obligée de vous demander une entrevue!...

JEAN. — Excusez-moi! J'ai beaucoup à travailler en ce moment!...

HÉLÈNE. — Allons, monsieur Jean... Ne prenez pas cette figure mauvaise. On m'a chargée de vous gronder... il paraît que l'on est inquiet de vous... Vous vous tuez de travail; votre santé s'en ressent. Vous vivez renfermé, sans vous permettre le moindre répit... Jadis, les jours de congé, vous les passiez chez nous. Vous vouliez bien vous confier à moi, me dire vos projets, vos ambitions; j'étais votre grande amie... Et puis, brusquement, sans prévenir... vous vous êtes isolé, vous m'avez abandonnée... Ce n'est pas bien... Vous savez que j'ai charge d'âmes: j'ai répondu de vous à vos parents...

JEAN. — Vous êtes trop bonne, madame... je vous le répète, j'ai reconnu que j'étais très en retard pour mon examen... j'essaye de rattraper le temps perdu.

HÉLÈNE. — Ce n'est pas l'avis de M. Lormier;

vous êtes prêt.

JEAN. — Oh! M. Lormier ne peut savoir mieux que moi où j'en suis de ma préparation.

HÉLÈNE. — Il a pour vous une très vive affection..

JEAN. — Croyez que je lui en suis très reconnaissant!...

HÉLÈNE. — Il s'étonne de vous voir vous tenir à l'écart...

JEAN. — Mais je ne réclame rien!... Je demande qu'on me laisse, voilà tout!...

HÉLÈNE. — Voyons, mon petit Jean, ne soyez pas têtu et méchant. Ne suis-je plus votre grande amie? Votre camarade? Votre seconde maman, comme vous disiez?

JEAN.. — Je vous assure... Je suis tout à fait raisonnable.

HÉLÈNE. — Non!... Je vois très bien que vous n'êtes plus le même... Vous nous fuyez! Et, savez-vous qui porte la peine de tout cela? Moi... oui, moi, qui ai perdu mon camarade!... Allons, Jean, soyez franc... Avouez-moi pourquoi vous avez changé ainsi?...

JEAN. — Je vous assure que je n'ai pas changé... J'ai pour vous la même affection, j'ai le même respect pour M. Lormier, qui me comble de sa sollicitude... Je suis très heureux, très content, et... tout est pour le mieux...

Il fond en larmes.

HÉLÈNE. — Là!... Tout est pour le mieux!... Mon pauvre Jean!... Vous avez un grand chagrin qui vous touffe... Et vous ne l'avez confié à personne... Voilà la vérité. Ne pleurez pas ainsi et dites-le-moi ce grand chagrin... Dites-le comme vous le diriez à votre maman.

JEAN. — Je suis stupide... C'est passé...

HÉLÈNE. — Ah!... Vous redevenez le mauvais Jean... Vous n'avez donc plus d'affection pour moi?...

JEAN. — Oh! madame!... madame!...

HÉLÈNE. — Autrefois, c'est à moi que vous veniez rapporter. Souvenez-vous quand vous êtes venu ici, il y a quatre ans.. Vous étiez le « nouveau » dans le collège. Vous étiez tout désemparé... Votre père vous

a présenté et je vous sentais si malheureux!... M. Lormier n'est pas très tendre, c'est un homme d'auto-
rité; il est très bon au fond... Mais il vous terrifiait.
Alors, je vous ai pris sous ma protection; je vous ai
demandé: « Voulez-vous être mon ami? » Et, tout
de suite, vous avez eu un bon sourire rassuré...

JEAN. — C'est vrai... Je n'avais plus peur!...

HÉLÈNE. — Vous n'aviez jamais quitté notre
maison. J'ai voulu vous rendre un peu de la douceur
du foyer paternel. Quand vous étiez en faute, je
m'interposais et je vous ai soigné, je me suis effor-
cée de remplacer pour vous celle qui avait veillé sur
votre enfance. Et voilà comme vous me remerciez?...

JEAN. — Laissez-moi... je vous en prie... laissez-
moi!...

HÉLÈNE. — Il est donc si terrible, ce secret?...

JEAN, éclatant. — Et si je vous le dis? si je vous le
dis?... Qu'arrivera-t-il?... Et ne le savez-vous pas depuis longtemps? Il y a des choses que l'on connaît,
que l'on ne s'avoue pas... qu'il ne faut pas s'avouer...
Je pourrais rester à vos côtés pendant des mois,
comme je l'ai fait... Vous aurez deviné ce qui me
fait souffrir... Mais, si je ne le dis pas, vous pourrez
me supporter près de vous... Cela vous flattera, vous
amusera peut-être... vous n'aurez rien à vous reprocher... Je continuerai à être pour vous l'enfant
que vous aurez accueilli, qui vous a distrait!... Vous
aurez même la tranquille assurance de lui demander
ce qui l'a transformé à ce point; vous demeurerez
amicale et maternelle et vous feindrez d'ignorer ce
qui le bouleverse, parce qu'il n'osera pas le révéler!

HÉLÈNE. — Jean!... Jean!...

JEAN. — Ah! Tant pis!... Il est trop tard... Il
faut que je parle, il faut que je commette la mala-
dresse de parler!

HÉLÈNE. — Je ne veux pas!... Je ne veux pas!...

JEAN. — Je vous aime!... Je vous ai toujours
aimée... depuis le jour où je suis venu ici, je vous ai
aimée... Vous pensiez avoir près de vous un gamin
tendre... Pas du tout, c'était un amoureux!... Je ne me
doutais pas que je vous aimais et je vous aimais
depuis longtemps. Vous avez été la seule joie de
ces années où j'ai travaillé, non pour gagner mon
diplôme, mais pour vous plaire. Je vous voyais pres-

que tous les jours et j'étais heureux. Vous m'avez sauvé de toutes les vilaines idées, de toutes les vilaines actions; il ne s'est pas passé une heure que je n'aie vécu pour vous et, le soir, je m'endormais dans votre pensée... Laissez-moi vous raconter, car vous allez vous fâcher, et nous nous séparerons. Mais, du moins, je vous aurai tout avoué... C'est cela qui m'éloigne de vous... J'ai peur de vous, maintenant... Je n'ose plus rester dans votre intimité, je n'ose plus causer avec vous... J'ai pris votre mari en horreur, parce qu'il est votre mari!... Oh!... je l'en veux mais c'est plus fort que moi, je suis incapable de raisonner; je travaille comme une brute, mais, pendant que je travaille, c'est vous que je vois! Ah! il est beau mon travail!... Je ne sais plus où je vais! J'ai perdu tout courage, toute énergie... Je suis fichu... Fâchez-vous, maintenant?...

HÉLÈNE. — Mon pauvre petit! Non!... Je ne me fâcherai pas!... Vous n'êtes qu'un enfant, nerveux et surmené... Et je ne vous gronderai même pas! Voyez-vous, Jean, je suis beaucoup plus âgée que vous, j'ai vingt-cinq ans, et je connais mieux que vous la valeur des mots que vous employez! Aimer!... Savez-vous seulement ce que ça signifie!... Vous avez lu des livres où vous avez rencontré ce mot-là à toutes les pages... Il monte l'imagination! Aimer!... Mais moi, qui suis votre aînée de six ans, j'ignore encore ce que c'est! Dans les romans, les gens s'aiment comme ça, pour un oui, pour un non. Dans la vie, il en va tout autrement. Plus tard, vous découvrirez que les livres vous ont menti; vous regarderez autour de vous et vous constaterez que l'amour est une chose infiniment rare; on donne son nom à bien des sentiments médiocres; on essaye de croire que c'est arrivé... Puis l'exaltation tombe... Et l'on se trouve en face de cette autre chose bien simple et bien réelle: le devoir... et ça n'est pas romanesque, le devoir! Ça ne tente pas les écrivains! Ça ne tente personne, du reste. Tâchez de la comprendre, cette petite leçon et ne pensez plus aux enfantillages qui vous troublent l'esprit.

JEAN. — Comme vous êtes injuste!... Si vous vous étiez fâchée, j'aurais mieux aimé cela!... Vous ne me faites même pas l'honneur de me prendre au

sérieux ! A vos yeux, je ne suis qu'un gamin, n'est-ce
pas ?...

Hélène. — Un gamin pour moi qui j'ai, malgré
tout, une sincère affection.

Jean. — Vous vous trompez. Je suis désormais
un homme. Depuis que je vous ai aimée, il me semble
que tout autour de moi s'est éclairé; tout ce que
j'avais appris et que je répétais sans le comprendre
s'est révélé en moi... Je ne sais pas vous expliquer
cela... J'ai ouvert les yeux, j'ai découvert le sens
véritable des paroles que j'avais retenues. J'ai une
âme nouvelle; et c'est à vous que je la dois... Je suis
un homme, parce que l'amour que j'ai pour vous m'a
élevé au-dessus des autres... Dites que cela vous im-
portune, que vous me plaignez... mais ne dites pas
que je suis un enfant, ce n'est pas vrai, je vous
jure que cela n'est pas vrai.

Hélène. — Jean... je vous demande pardon !... Je
découvre que le mal est plus profond que je ne le
croyais... et je m'excuse auprès de vous... J'ai manqué
de franchise envers vous... et, peut-être, envers moi-
même... Je me suis laissée aller au charme de cette
camaraderie maternelle... J'ai, sans trop le vouloir,
encouragé votre tendresse... Je ne me doutais pas
qu'elle s'égarerait... Je n'ai pas voulu être coquette
ni cruelle... Si je vous ai fait souffrir, c'est malgré
moi... Je m'ennuyais, dans ce grand collège, dans
cette grand prison, où toutes les fenêtres ont des
barreaux... Quand vous êtes venu, je vous ai pris
en affection, j'ai joué à la maman sans prévoir que
mon enfant grandirait... Je serai très sincère avec
vous, Jean; quand vous m'avez aimée, je l'ai appris
tout de suite... et je n'ai pas songé à vous en blâ-
mer... Je ne pouvais admetre que cela eût de l'importance. Vous ramassiez tous mes bouquets de corsage,
vous dérobiez tous les gants que je laissais traîner.

Jean. — Comment ?... Vous vous étiez aperçue ?

Hélène. — Je pense bien !... Vous m'en avez dé-
pareillé six paires ! Je vous avoue que cela m'amusait
beaucoup... En toute innocence, je me distrayais de
cette passionnette... Vous étiez « mon page » et je
n'avais pas de remords, au contraire... J'estimais
que le jeu n'était pas dangereux, ni pour vous, ni
pour moi... Quand vous me quittiez, vous m'em-

brassiez la main si gentiment! Et, quand je pensais à vous, je me réjouissais d'être votre sauvegarde... Tout à l'heure encore, je voulais vous ramener près de moi. J'étais loin de me douter que votre amitié, un peu tendre, se fût changée en un sentiment plus sérieux, plus inquiétant. Sinon, je n'aurais pas provoqué cette explication...

JEAN. — Vous m'en voulez?

HÉLÈNE. — Je ne vous en veux pas... Il faut être franc; mais vous comprenez que l'amitié n'est plus possible entre nous.

JEAN. — Je ne serai plus votre page?

HÉLÈNE. — Non... Je n'ai plus le droit de me mentir à moi-même et de jouer à la maman... Jean, il faudra oublier tout ce que nous avons dit aujourd'hui... Il faudra être raisonnable; ne plus penser à moi!...

JEAN. — Oh!...

HÉLÈNE. — Si... je le veux... Vous devez penser, dorénavant, à votre examen...

JEAN. — Mon examen!... Ah!... Ouiche!... je ne suis plus bon à rien!...

HÉLÈNE. — Je vous en prie!... J'ai de l'ambition pour vous!... Je veux que vous entriez premier à Normale!... Promettez-moi que vous travaillerez!...

JEAN. — Je vous le promets... Mais je ne peux pas ne pas penser à vous.

HÉLÈNE. — Mon ami, je vous demande d'être raisonnable... pour moi. Il y a autour de nous des gens malveillants, hostiles, qui pourraient jaser... Ce Surot, par exemple!...

Surot passe la tête.

JEAN. — Surot!... Ah!... celui-là! je lui conseille de se tenir tranquille... sinon, je lui casse les reins.

Surot rentre la tête.

HÉLÈNE. — Vous avez des solutions promptes!... J'ai beaucoup de ménagements à garder... On ne m'aime guère à Chambrun... Il vaut mieux ne pas braver le monde... Vous ne me verrez plus?

JEAN. — Ça, c'est impossible... Ne plus vous voir... maintenant que je vous ai tout avoué!...

HÉLÈNE. — Il le faut!... Ecoutez, Jean... c'est pour moi que je vous prie...

JEAN. — Hélène!...

HÉLÈNE. — Oui... je me sens inquiète... bouleversée... nous avons parlé de choses qui troublent les esprits les plus calmes; nous en avons parlé pour la première fois... et pour la dernière fois aussi...

JEAN. — Pour la dernière fois !...

HÉLÈNE. — Oui. J'ai eu tort de vous écouter. Si je vous écoutais encore j'agirais mal envers moi... envers celui dont je porte le nom... Envers vous aussi, que je paraîtrais encourager... Nous allons nous quitter, Jean !...

JEAN. — Hélène... je ne veux pas !.....Je ne veux pas !...

HÉLÈNE. — J'aurai du courage pour vous... J'irai chez mes parents finir le trimestre... Après les vacances, vous serez à Paris, loin de moi... et vous m'aurez vite oubliée !...

JEAN. — Ce n'est pas possible !... Vous me désespérez !... Je ne pourrai plus vivre sans vous...

HÉLÈNE. — Que si... Soyez sérieux et donnez-moi la main... Ma résolution est prise, je partirai demain soir ou après-demain... C'est le plus sage... A présent, je vais être tout à fait franche... et cela vous consolera peut-être et vous gardera des vilaines pensées... J'ai eu pour vous un peu plus que de l'amitié... Non... ne bougez pas... ou je m'en vais !... Moi aussi, j'ai été prise au jeu... j'ai eu trop de plaisirs à notre camaraderie... Je m'en accuse... et j'en suis punie... Bah !... Vous resterez mon seul péché... mon joli péché... J'aurai eu tout à la fois un grand enfant et un amoureux... ce sera un délicieux souvenir...

JEAN. — Hélène !... Hélène !... Que me dites-vous !...

HÉLÈNE. — Oh !... La nuit est presque tombée ; voici l'heure de l'étude du soir... Il ne faut pas que l'on me trouve ici !... Je me sauve !...

VOIX DE PIERRE. — Eh !... Jean !...

HÉLÈNE. — Oh !... Adieu, mon pauvre page !... Ne m'oubliez pas !...

Elle disparaît. Jean la suit jusqu'à la porte.

Scène VIII

JEAN, PIERRE, SUROT, caché.

PIERRE, poussant la fenêtre. — Eh !... mon vieux !...

JEAN. — Quoi!... Ah! tu m'as fait peur!...

PIERRE. — Elle est partie?

JEAN. — Qui ça?

PIERRE. — Mais... le professeur de mathématiques spéciales avec qui tu causais... Je t'ai prévenu, parce que Cincinnatus passe dans les classes et il allume l'électricité...

BRASSIER. -- Ne t'inquiète pas... Tu sais où est Surot?

PIERRE. — Chez le principal... Chamboulin est venu le chercher de sa part. Sale bête de Surot!... S'il pouvait prendre quelque chose!

BRASSIER, soucieux. -- Bah! Laisse-le donc!...

PIERRE. — Viens-tu jouer?... Le dernier chat perché l'est?...

> Il se sauve en courant. Brassier le suit mélancolique.
> La nuit est tombée.

Scène IX

SUROT, puis CINCINNATUS

SUROT, sortant de la chaire. — Partis?... (Il descend.) Ah! on apprend plus de choses dans ce buffet que devant... Je le tiens, maintenant, le nommé Brassier!

CINCINNATUS, avec un allumoir. -- Monsieur Surot!... Vous êtes là, tout seul?

SUROT. -- Je me suis endormi...

CINCINNATUS. -- Vous n'allez pas avec vos camarades?

> Il allume l'électricité.

SUROT. — Cincinnatus, j'ai trop de camarades... Tout le monde m'aime! C'en est fatigant!...

CINCINNATUS. — Bah!

SUROT. — Si fait!... J'entendais tout à l'heure des copains parler de mon individu avec une tendresse qui m'a touché! C'est bon d'être sympathique aux gens!... Cela repose!...

CINCINNATUS. -- Eh bien... je connais quelqu'un à qui vous n'êtes pas sympathique.

SUROT. — Qui ça? Brassier?

CINCINNATUS. — Non, moi!... (Cloche au lointain.) Ah! l'étude du soir va commencer.

Scène X

LES MÊMES, CHAMBOULIN, MAINGOURD, TRANEL, AMBREVILLE, puis BEZOU, puis DES CHARMETTES et BRASSIER, puis PIERRE.

MAINGOURD, entrant. — Ah! c'est allumé!...

Il va à son bureau et s'absorbe à prendre des notes.

TRANEL. — Là!... Maingourd est déjà dans ses bouquins!...

Cincinnatus sort et observe dehors.

CHAMBOULIN. — Oui! quel exemple pour vous! Il travaille du matin au soir, lui!

TRANEL. — Qu'il prenne garde! Il ne sera bientôt plus bon qu'à ça, moi... pour ce que je veux faire... je travaillerai toujours assez!...

AMBREVILLE. — Qu'est-ce que tu veux faire, quand tu auras tes diplômes?

TRANEL. — J'entrerai chez papa, la maison Tranel... soieries en gros... Le jour, les dames me donneront de l'argent en échange de rubans, et, le soir...

AMBREVILLE. — Le soir, tu le leur rendras! en échange de faveurs.

TRANEL. — Tout juste, et toi?

AMBREVILLE. — Moi, dès que je serai recalé à la licence de math, j'entrerai au théâtre... J'ai une voix superbe... Ecoute-moi ça... « Asile héréditaire... »

MAINGOURD. — Oh! non!... On ne peut pas travailler!

AMBREVILLE. — Est-il assez embêtant, ce z'oiseau-là... C'est bon! On se tait!... Ah! voilà notre Bézou national.

TRANEL. — Et il mange encore.

BÉZOU, la bouche pleine. — Ah! mon vieux... on ne dine que dans une heure!... et j'ai une faim!...

TRANEL. — Mon gros, ce n'est pas pour te le reprocher!... mais ce que tu en caches!...

AMBREVILLE. — Il fait la cour à la cuisinière qui lui refile des douceurs.

BÉZOU. — Moi, il faut que je me nourri !... Sans ça je dépérirais!

SUROT. — Regardez... dans son casier...

Il sort un gros saucisson de Lyon.

BÉZOU, furieux. — Voulez-vous laisser ça! (Tous rient. Il reprend le saucisson et l'enferme.) Il ne faut pas jouer avec la nourriture.

MAINGOURD. — Silence!

DES CHARMETTES, entrant avec Brassier. — Qui veut le résultat des courses?

TRANEL, AMBREVILLE, SUROT. — Moi! Moi!

DES CHARMETTES. — Podagre est arrivé premier dans le prix des Aulnes. Je ne l'avais que placé!

CHAMBOULIN. — Messieurs, je vous rappelle que les journaux de sports sont interdits dans le collège. (S'approchant.) Qui est-ce qui a gagné la troisième course?

DES CHARMETTES. — Vaseline II. Un sale toquard!

CHAMBOULIN. — Oh! pardon! Vaseline II est une bête sérieuse!...

DES CHARMETTES, levant les épaules. — Vous n'y connaissez rien!... Taisez-vous!

CHAMBOULIN, vexé. — Je n'y connais rien? Ah!... Monsieur des Charmettes, vous serez privé de sortie après-demain et donnez-moi ce journal...

Il prend le journal et monte à sa chaire.

DES CHARMETTES, ennuyé. — Monsieur Chamboulin. après-demain, c'est le prix d'Aphrodite... Papa a des chevaux qui courent... Levez-moi ma consigne!...

CHAMBOULIN. — Non!...

DES CHARMETTES, bas. — Je vous donnerai un tuyau de première...

CHAMBOULIN. — Ah!... Quoi?

DES CHARMETTES. — Je vais vous expliquer...

Il monte près de lui et ils discutent à voix basse sur le journal. Brassier est entré depuis quelque temps. Il est assis à son bureau et rêve. Pierre entre à son tour.

PIERRE. — J'ai cassé mon crayon, mon vieux... prête-moi ton canif...

BRASSIER, prenant son canif dans sa case. — Tiens. c'est un suédois... tu sais comment ça s'ouvre?

PIERRE. — Pour sûr...

Il ouvre le couteau et taille son crayon.

BRASSIER. — Ne te coupe pas!

Il retombe dans ses réflexions.

PIERRE. — N'aie pas peur !

SUROT, s'approchant. — Tiens, tu as un joli couteau...

PIERRE. — C'est un couteau suédois...

SUROT. — Montre... je ne te le mangerai pas !

PIERRE. — Non... c'est pas à moi... Merci, Brassier.

> Il rend le couteau à Brassier qui le remet dans sa case.

SUROT. — Petit chameau, va !

> Il retourne à sa place.

CHAMBOULIN. — Messieurs... Monsieur le principal.

> Tous se lèvent.

Scène XI

LES MÊMES, LORMIER, BRON

LORMIER. — Asseyez-vous, messieurs !... Monsieur Chamboulin, comme je vous l'ai dit, je prends le train pour Paris tout à l'heure.

CHAMBOULIN. — Bien, monsieur le principal...

LORMIER. — En mon absence... c'est monsieur Bron, notre aimable économe, qui est chargé de la direction des affaires intérieures... J'espère qu'ils ne vous donneront pas trop d'embarras, monsieur Bron.

BRON. — Ils seront très sages, j'en réponds.

> Les élèves imitent le sifflement du serpent.

LORMIER. — Je vous rappelle à la discipline : tout le monde couché à dix heures, n'est-ce pas, messieurs !... Je vous rappelle, monsieur Bron, que Mᵐᵉ Lormier vous attend à dîner ce soir. Elle eût voulu également prier à dîner M. Baudelot, notre surveillant général, mais M. Baudelot s'absente pour deux jours... Monsieur Chamboulin, Mᵐᵉ Lormier m'a prié de vous transmettre son invitation. Elle compte sur vous, n'est-ce pas ?

BRON et CHAMBOULIN. — Oh ! merci, monsieur le principal !...

LORMIER. — C'était tout ce que j'avais à vous dire... Ah ! je serai de retour demain après-midi, vers trois heures... Au revoir, messieurs !...

BRON, l'attirant dans un coin, à gauche. — Monsieur le principal... voici le produit de la souscription pour le monument du regretté Gandouille, cinq cents francs !...

LORMIER. — Gardez-les... que voulez-vous que j'en fasse ?... Je ne peux pas l'emporter à Paris.

BRON. — C'est que mon coffre-fort ne ferme pas... et ça m'ennuie d'avoir ça dans mon cabinet...

LORMIER. — Tenez... voici la clef du tiroir de mon bureau... mettez cela dedans et renvoyez-moi la clef par Brassier... Brassier, accompagnez monsieur Bron chez moi...

BRASSIER. — Bien, monsieur...

Surot, debout près du casier où il feint de chercher, ne bronche pas.

BRON. — Venez, mon ami...

Il sort avec Brassier.

LORMIER. — Dépêchez-vous! *(Tirant sa montre.)* Sapristi... je vais le manquer!

CHAMBOULIN, *tapant sur la chaire avec sa règle.* Messieurs!

Tous se lèvent.

LORMIER. — Alors... mes enfants, n'est-ce pas... soyez très calmes... très paisibles... conduisez-vous comme des gens sérieux, comme des hommes... enfin comme des gens sérieux... Je serai heureux de dire à M. le ministre que je suis fier de vous... que la vaillante phalange du collège de Chambrun est digne de la France et de la république, et qu'elle tient haut et ferme le drapeau de l'enseignement secondaire... Plus que dix minutes! Sapristi... Bonsoir, Chamboulin...

BRASSIER, *à la porte.* — Votre clef, monsieur le principal...

LORMIER. — Merci...

Il prend la clef et sort en courant. Tous les élèves se mettent à imiter le sifflement du serpent : « Fisse, fisse. »

CHAMBOULIN. — Non! Messieurs, un peu de silence! Allons, messieurs, un peu de silence!

La scène reprend l'aspect qu'elle avait au début de l'acte.

RIDEAU

ACTE II

Le cabinet du principal qui donne par un grand vitrage sur un péristyle. Porte dans le vitrage du fond; à droite, porte dans la partie oblique gauche, premier plan, qui est censée mener aux appartements du principal. Au deuxième plan, cheminée. A gauche, bibliothèque, cartonniers. Au dehors, le péristyle est à peine éclairé par un bec de gaz placé près de la porte du dehors. Le bureau est devant la cheminée. A gauche, bibliothèque. Il y a du feu dans la cheminée. M. Bron, dans le fauteuil, prend son café. Chamboulin à droite, dans un fauteuil; près du bureau, Hélène en robe d'intérieur.

Scène première

BRON, CHAMBOULIN, HÉLÈNE, puis MÉLIE

BRON, continuant une conférence. — « Et c'est en quinze cent soixante-cinq seulement que dom Grégorius, supérieur de la congrégation de Saint-Blanc, obtint la permission de faire construire cette abbaye, qui fut la propriété des moines carpiniens jusqu'à la Révolution, où elle fut désaffectée. »

HÉLÈNE. Ah! Vraiment? Encore un peu de café, monsieur Bron?

BRON. — Merci, chère madame! Le café m'empêche de dormir.

HÉLÈNE. — Et vous, monsieur Chamboulin?

CHAMBOULIN. — Merci, madame. Moi, le café me fait dormir, et comme j'ai mon dortoir à surveiller.

HÉLÈNE. — Prenez tout de même.

Elle lui donne une tasse de force.

CHAMBOULIN. — Je suis confus... Que vous êtes bonne, madame!

BRON. — Je disais donc?...

CHAMBOULIN. — Mais si je dors, ce sera de votre faute...

BRON, plus haut. — Je disais donc...

CHAMBOULIN. — Mais si je dors, ce sera de votre faute...

BRON, plus haut. — Je disais donc... Cette abbaye fut transformée en caserne, puis, en dix-huit cent cinquante-six, la caserne devint collège. Ce bureau, qui est le bureau du principal, n'était autre que la cellule du père prieur, et vos appartements, chère madame, ont été aménagés dans l'ancienne administration : la salle à manger, (Il désigne la gauche.) où nous avons dégusté un si succulent dîner...

HÉLÈNE. — Allons, monsieur Bron.

BRON. — Si ! Si !... Succulent... Cette salle à manger... Et plus loin le salon officiel formait la salle du chapitre.

HÉLÈNE. — Un peu de chartreuse, monsieur Bron ?

Elle lui apporte un petit verre.

BRON. — Volontiers, chère madame.

Neuf heures et demie sonnent.

CHAMBOULIN. — Neuf heures et demie... La joie de rester auprès de vous, madame, m'est désormais mesurée...

HÉLÈNE. — Comment ? Déjà ?

CHAMBOULIN. — Il me faut assister au coucher de mes élèves... et veiller à l'extinction des feux... (Bâillant.) Sans ça !... Moi, je n'ai jamais sommeil.

HÉLÈNE. — Vous ne craignez pas qu'il vous manque des brebis, monsieur Chamboulin ?

CHAMBOULIN. — Oh ! pas de danger. Cincinnatus...

BRON. — Hum !

CHAMBOULIN. — Pardon... Auguste, le veilleur, a des ordres sévères... On n'ouvre la porte à personne...

Elle apporte les cigares.

HÉLÈNE. — Cependant, des élèves ont sauté le mur.

BRON. — Le fameux Surot... que j'ai pincé à la « Truie »... Je vous promets qu'il ne s'y risquera plus... J'ai fait mettre tantôt un grillage de trois mètres de haut... Impossible de franchir ça...

CHAMBOULIN. — Je vais vous demander la permission de prendre congé, madame, en vous remerciant de cette délicieuse soirée.

MÉLIE, entrant. — Madame, c'est un élève.

CHAMBOULIN. — Un élève ! Quelqu'un aurait osé... Ce serait trop fort...

MÉLIE. — Oui, m'sieu Chamboulin, quelqu'un a

rosé, c'est Surot.

CHAMBOULIN. — Je vais le secouer, par exemple, celui-là.

HÉLÈNE, doucement. — Permettez, monsieur Chamboulin. Laissez donc entrer Surot. Depuis si longtemps que j'entends parler de lui, je serais contente de le voir de près, ce fameux Surot.

CHAMBOULIN. — Comme madame la principale voudra... Madame la principale est bien trop bonne de s'occuper d'un Surot!

HÉLÈNE. — C'est un peu mon devoir en l'absence de M. Lormier. Si Surot était souffrant... Mélie, faites entrer l'élève Surot. (A M. Bron.) Monsieur l'économe, vous n'y voyez pas d'inconvénient?

BRON. — J'ose dire que votre décision fait honneur à vos sentiments, chère madame.

CHAMBOULIN, à Hélène. — Vous me permettez tout au moins de dire à ce vaurien ce qu'il mérite?

HÉLÈNE. — Ne le grondez pas trop fort.

CHAMBOULIN. — Si, madame, si; vous allez voir comme je vais le remettre à sa place.

Scène II

LES MÊMES, SUROT

CHAMBOULIN, s'adressant à Surot qui entre. — De quel droit, monsieur Surot, vous êtes-vous permis, *primo*, de quitter le dortoir, sans mon assentiment? *secundo*, de venir ici importuner...?

SUROT, poliment, mais nettement. — Vous, d'abord, laissez-moi tranquille. Ce n'est pas parce que vous vous sentez soutenu ici (Montrant Hélène et M. Bron.) que vous allez crâner. (A Hélène.) Madame, j'ai bien l'honneur de vous saluer... Excusez-moi si je viens ici... J'ai besoin d'une permission et...

CHAMBOULIN. — Vous n'en aurez aucune. Vous allez regagner le dortoir et vous me ferez cent vers.

SUROT, s'avançant vers lui, Chamboulin recule instinctivement. — Vous n'allez pas m'interrompre quand je parle à Mme Lormier, peut-être... Si j'ai lâché le dortoir, je crois que vous l'avez bien plaqué aussi: à qui vouliez-vous que je demande ma permission, puisque vous aviez filé?

BRON, intervenant. — Ça suffit : n'oubliez pas le respect que vous devez à l'honorable M. Chamboulin. (Surot hausse les épaules. A Hélène.) Me permettez-vous, madame, de diriger l'interrogatoire?

HÉLÈNE, acquiesçant. — Vous remplacez le principal, monsieur Bron.

BRON, à Surot. — Pourquoi avez-vous pénétré ici?

SUROT. — A la bonne heure, avec vous, au moins, on peut causer. Je voudrais sortir une heure, demain, dans l'après-midi.

CHAMBOULIN, éclatant. — Sortir! Il a six privations de sortir en retard! Je vous en flanquerai une sortie, sur mes jambes, moi!

SUROT, méprisant. — Monsieur l'économe, croyez-vous que je doive répondre.

BRON. — C'est à moi que vous devez répondre, et sans oublier le respect que vous devez à vos maîtres... Vous ne pouvez pas sortir, puisque vous êtes consigné.

SUROT. — J'ai besoin d'aller chez le dentiste.

HÉLÈNE, intéressée. — Vous souffrez des dents, monsieur Surot?

SUROT. — Oui, madame, voici quinze jours; même que cela a fait dire à M. Chamboulin, notre dévoué répétiteur, que c'était de la frime. Je la lui passerais, ma frime, s'il la veut.

BRON. — Ne vous égarez pas dans des détails subsidiaires. Pourquoi n'êtes-vous pas venu à la visite du dentiste, hier?

SUROT. — Parce que je ne souffrais pas; j'ai cru que cela passerait tout seul... Je me suis trompé...

HÉLÈNE. — Vous avez raison, monsieur Surot; il est inutile de souffrir. Monsieur Bron, vous êtes de mon avis, n'est-ce pas? Vous pouvez faire conduire, demain matin, M. Surot chez le dentiste.

BRON, indécis et réfléchissant. — En l'absence de M. le principal, et vu l'urgence, je crois devoir prendre sur moi d'autoriser cette sortie. J'ajoute que cette faveur qu'on vous accorde, Surot, n'enlève rien aux judicieuses observations formulées par M. Chamboulin sur votre attitude si souvent regrettable envers vos maîtres...

SUROT, dédaigneusement. — Oh ça!... (Plus haut.) Alors,

je pourrai sortir demain?

BRON. — On vous fera conduire chez le dentiste demain matin vers dix heures?

SUROT. — Ah! non, monsieur Bron, demain dans l'après-midi seulement, vers cinq heures.

BRON. — Et pourquoi cette modification au programme que je viens d'arrêter?

SUROT. — Parce que demain, c'est jeudi, et que, le jeudi matin, M. Galéa, le dentiste, est absent. Il va soigner sa clientèle de Saint-Quentin. Il n'est de retour qu'à quatre heures. J'attendrai jusque-là.

HÉLÈNE. — Mais vous allez souffrir, en attendant... Voulez-vous que j'envoie chercher quelque calmant chez le pharmacien?

SUROT. — Merci, madame; j'ai, dans ma trousse, une drogue qui me soulage un peu... Je puis attendre... je vous suis très reconnaissant. (Avec intention.) Je sais quelle tendresse vous avez pour les élèves; merci, madame. (A M. Bron.) Alors, monsieur l'économe, je pourrai sortir demain?

BRON. — L'autorisation est accordée... Je vous ferai accompagner, par exemple. J'ai trop le sentiment de ma juste responsabilité pour laisser un élève s'égarer seul dans les méandres d'une ville. Allons, Surot, présentez vos devoirs à madame la principale, et regagnez votre dortoir, sans retardement, je vous prie, *citius dicto!*

SUROT, à Hélène. — Bonsoir, madame. Excusez-moi d'avoir dérangé votre causerie. Bonsoir, monsieur l'économe, et merci.

> Il va pour sortir.

BRON. — Vous ne saluez pas l'honorable M. Chamboulin?

SUROT, après un geste qui fait retirer Chamboulin. — J'attends, pour lui souhaiter une bonne nuit, qu'il ait regagné le dortoir comme moi.

CHAMBOULIN, furieux. — M'sieu Surot!...

HÉLÈNE, pacificatrice. — Laissez, laissez, monsieur Chamboulin.

> Surot, en s'en allant, a un coup d'œil vers le bureau.

Scène III

CHAMBOULIN, BRON, HÉLÈNE

CHAMBOULIN, éclatant. — Croyez-vous, ce Surot! Son insolence grandit tous les jours. Ah! si vous m'aviez laissé faire, je lui en aurais donné, une leçon!

BRON. — Ne vous gênez pas, cher ami, allez la lui donner... Vous êtes de service au dortoir, n'est-ce pas? Vous preniez congé tout à l'heure, nous ne vous retenons pas.

CHAMBOULIN, démonté. — J'ai le temps, monsieur l'économe; je n'ai pas encore très sommeil.

BRON. — Tout de même, monsieur Chamboulin, il vaut mieux que vous regagniez le dortoir... à moins que vous ne vous fassiez remplacer, par un collègue... Surot serait capable de sauter par-dessus le mur... Allons, bonsoir, monsieur Chamboulin.

CHAMBOULIN, avec effort. — Ah! Vous croyez... (A Hélène.) Madame, je vous réitère, avec mes respects, l'hommage de mes remerciements pour cette délicieuse soirée. (A Bron.) Bonsoir, monsieur l'économe, je vais suivre Surot: s'il bronche, il aura affaire à moi!

BRON. — C'est cela; bonsoir, zélé serviteur!

CHAMBOULIN, à part. — Je vais me faire remplacer au dortoir par Duputois...

Scène IV

LES MÊMES, moins CHAMBOULIN

BRON. — Un peu faible, un peu timoré avec Surot, ce Chamboulin; mais c'est un très bon sujet.

HÉLÈNE. — Mon mari l'apprécie beaucoup.

BRON. — Moi aussi... Pour un simple maître d'études, il a d'excellents aperçus historiques... Et puis, c'est un fonctionnaire sérieux, que l'on ne rencontre pas dans les lieux de plaisir.

HÉLÈNE. — Encore un peu de chartreuse, monsieur Bron?

BRON. — Volontiers... Merci, chère madame. Je suis tout à fait enchanté de ma soirée!... Il ne nous manque que la présence de votre cher mari... Je parie qu'à cette heure, M. Lormier pense à nous!...

Hélène. — Oh! mon mari doit dormir comme un dieu!

Bron. — C'est vrai... Il a rendez-vous au ministère de très bonne heure...

Hélène. — Croyez-vous qu'il réussira dans son entreprise?

Bron. — Sans aucun doute!... Et j'espère que M. Lormier, nommé dans la capitale, emmènera avec lui ses fidèles collaborateurs...

Hélène. — Il n'y manquera pas... Encore un peu de chartreuse, monsieur Bron?...

Bron. — J'abuse, chère madame, j'abuse... cependant, nous souhaitons que M. Lormier reste assez longtemps pour inaugurer le monument du regretté Gandouille.

Hélène. — L'ancien principal du collège de Chambrun?

Bron. — Oui... Entre nous, ce monument ne s'imposait guère!...

Hélène. — Vraiment?

Bron. — J'ai beaucoup connu Gandouille... Nous étions très liés. Eh bien, de vous à moi, c'était un imbécile!...

Hélène. — Vous le défendez bien!

Bron. — Un monument à cet idiot-là... Et pourquoi, je vous le demande?... Parce qu'il a moisi dans ce trou pendant vingt ans... Nous avons recueilli cinq cents francs, le ministre donne cinquante francs, le département deux cents et la famille dix mille francs... Avec ça, on ne va pas très loin... Nous aurons une stèle très simple, en granit rose, avec, au fronton, une tête voilée symbolisant la France affligée.

Hélène. — C'est très émouvant...

Bron. — C'est très émouvant, mais il y a de quoi se tordre! Voyez-vous la France affligée parce que Gandouille a disparu.

Hélène. — Monsieur Bron, il est près de dix heures... et, si vous êtes fatigué, je ne voudrais pas vous retenir plus longtemps.

Bron. — Ma foi, je me retire... Du reste, je vois que vous tombez de sommeil... Déjà Morphée agite ses pavots... Au revoir, chère madame.

Hélène, l'accompagnant. — Au revoir, monsieur Bron... Vous y voyez ?

Bron, au dehors. — Oui... Merci... chère madame.

Mélie reparaît. Hélène redescend.

Scène V

HÉLÈNE, MÉLIE

Hélène, nerveuse. — Ouf !... Il colle comme du nougat, ce cher homme... Mélie, débarrassez.

Mélie. — Bien, madame.

Hélène. — Vous avez desservi à côté ?

Mélie. — Oui, madame... Madame va se coucher ?...

Hélène. — Oui, Mélie.

Mélie. — A dix heures ?... C'est bien tôt... Je vais aider madame à se déshabiller...

Hélène. — Ce n'est pas la peine... Vous pouvez monter à votre chambre, Mélie...

Mélie. — Oh ! je ne suis pas pressée... Il faut d'abord que je mette le cabinet de monsieur en ordre... C'est vrai que monsieur va bientôt nous quitter pour être nommé à Paris ?

Hélène. — Je n'en sais rien... (Impatientée.) Dépêchez-vous, Mélie !...

Mélie. — Ce que madame est pressée. Oh ! moi... Faut pas qu'on me bouscule, ça me rend bête ! Alors, si monsieur allait à Paris, madame m'emmènerait ?

Hélène. — Peut-être... Je verrai ça... (Trois quarts sonnent.) Neuf heures trois quarts... Vous n'en finissez pas, ce soir...

Mélie. — Ce que madame est pressée de se coucher, quand monsieur n'est pas là !

Hélène. — Vous dites ?

Mélie. — Rien, madame, rien... Madame prend des liqueurs ?

Hélène. — Vous pouvez les ranger... et hâtez-vous, n'est-ce pas ?...

Scène VI

MÉLIE, seule.

Mélie. — Madame est nerveuse, ce soir. C'est

sans doute ce changement probable de résidence,
qui la préoccupe. Qui va là? Tiens, c'est le concierge. (Ouvrant la loge.) Hé, monsieur Auguste.

Scène VII

MÉLIE, CINCINNATUS

CINCINNATUS, sur la porte. — Mademoiselle...

MÉLIE. — Vous faites votre ronde?...

CINCINNATUS. — Oui, la première...

MÉLIE. — Arrêtez-vous donc un instant.

CINCINNATUS, hésitant. — Mais la patronne?

MÉLIE. — Elle se couche... Tenez, dites-moi votre
opinion là-dessus...

      Elle lui verse un petit verre.

CINCINNATUS, buvant. — Merci... A la bonne vôtre...
Ça se laisse boire!...

MÉLIE. — Qu'est-ce que vous avez là, à la main?

CINCINNATUS. — C'est le vérificateur des rondes
qu'ils appellent ça... un sale instrument qu'ils ont
inventé pour qu'on n'essaye pas d'y couper... Moi,
j'appelle ça : le mouchard... Tenez, il y a là-dedans
une montre avec un papier... et puis on applique ça
dans huit boîtes... et dans chaque boîte... il y a une
lettre... et ça finit par faire un mot sur le papier...

MÉLIE. — Ça fait que, comme ça, vous ne pouvez
pas rater une station.

CINCINNATUS. — Tenez, d'ici, je vais dans les
classes des moyens, puis dans les combles, puis je
redescends par le dortoir des grands.

MÉLIE, riant. — Ils s'éveillent pas quand vous
passez?

CINCINNATUS. — Pas de danger!... C'est jeune...
Ça pionce ferme... Si c'était vous qui passiez, dame!...
Ils s'éveilleraient peut-être.

MÉLIE. — Hé! y en a de gentils, dans le tas.

CINCINNATUS. — M. des Charmettes, hein?

MÉLIE. — Non... pas lui... Il se croit trop... Mais
M. Brassier, tenez, celui-là, j'en ferais bien mon
caprice...

CINCINNATUS. — Tiens! Tiens!

MÉLIE. — Ah! Il me plaît bien!... Il est doux,
poli... Quand il dîne ici, je ne le quitte pas des yeux...

Et puis, je crois que je ne lui déplais pas...

CINCINNATUS. — Pas possible!...

MÉLIE. — Oui... Il me regarde en dessous... Du moins, il me semble... Alors, je me mets tout contre lui quand je le sers... Y a pas... Il me plaît bien...

CINCINNATUS, riant. — Il faudra le lui dire et lui donner rendez-vous un jour de sortie... Dans la campagne.

MÉLIE. — Mais il ne sort pas!... Croyez-vous que c'est vexant?

CINCINNATUS. — Bah!... Je ne suis pas inquiet... Une jeune fille trouve toujours moyen de se faire comprendre d'un jeune homme... Bonne nuit, mademoiselle... Je vous enferme!

Cincinnatus sort en fermant la porte à clef.

Scène VIII

MÉLIE, seule.

MÉLIE. — Si vous voulez, bonsoir... (*Seule, achevant de ranger les verres et les tasses.*) Dix heures, c'est bien le moment d'aller se pagnoter... Avec ça que demain c'est le jeudi saint et que sûrement des parents d'élèves viendront voir M. Lormier. Je ne risque rien d'aller vite me coucher et de bien dormir, si je veux me lever demain de grand matin.

Scène IX

HÉLÈNE, MÉLIE

HÉLÈNE, *elle est en peignoir.* — Vous n'avez pas encore fini, Mélie! Dépêchez-vous, ma fille.

MÉLIE. — Je donnais un dernier coup, rapport à l'ordre; par ci, par là... mais j'ai fini... Madame ne s'est donc pas couchée?

HÉLÈNE. — Non, je suis un peu nerveuse, ce soir, je ne pouvais pas dormir tout de suite. Je n'ai pas besoin de vous. Vous pouvez aller vous reposer...

MÉLIE. — Merci, madame : Cincinnatus a fermé de ce côté.

Elle montre la porte de droite.

HÉLÈNE. — Ça va bien... Bonsoir, Mélie.

MÉLIE. — Ah! Qu'il fait sommeil! Ah! faudra pas me bercer.

Elle sort.

Scène X

HÉLÈNE, seule.

HÉLÈNE, reste un instant à rêver, puis elle se secoue. — Voyons, je n'ai pas encore fait mon relevé de compte de la semaine. (Elle va au bureau, prend un petit registre et se met à écrire en calculant. On entend du bruit vers la porte qu'a fermée Cincinnatus.) On dirait qu'on a frappé? (Écoutant.) Ce n'est pas possible... Tout le monde dort à cette heure. (Se remettant à écrire.) On frappe, cette fois, j'en suis sûre... Qui est là?... Qui est-ce que ça peut être?... Tant pis, j'en aurai le cœur net. (Elle tire de sa poche une clef et pousse brusquement la porte. Très surprise.) C'est vous, Jean, vous?

Scène XI

HÉLÈNE, JEAN

Jean Brassier sur le seuil, très pâle, à la fois honteux et transporté. A sa vue, Hélène recule d'un pas.

JEAN. — Pardonnez-moi!... Je n'ai pu résister au désir de vous voir une fois encore, de vous dire un dernier adieu!...

HÉLÈNE. — Avez-vous perdu l'esprit?... Songez à ce que l'on aura pensé si l'on vous a rencontré!...

JEAN. — Oh!... il n'y avait pas de danger!... Tout dort dans le collège... Je me suis glissé hors du dortoir...

HÉLÈNE. — Au risque d'éveiller M. Chamboulin?...

JEAN. — Chamboulin?... Il est avec les anges!... Personne n'a pu m'entendre... Ne vous fâchez pas, je m'en vais!...

HÉLÈNE. — Je devrais me fâcher... Si mon mari apprenait ça, lui qui est si ombrageux... Vraiment, ce que vous faites là est indigne de vous...

JEAN. — Mais puisque je m'en vais!... Une petite minute, seulement. Je ne ferme pas la porte!...

HÉLÈNE. — Fermez-la, au contraire... Voyez-vous

qu'on nous trouve en tête à tête, à dix heures pas-
sées!... Ce serait du beau!...

JEAN. — C'est vrai!... Je n'avais pas réfléchi. Je
n'ai pensé qu'à ceci : « Elle va partir et je ne la
reverrai plus!... Et je ne lui aurai pas dit des choses
qu'il faut qu'elle sache!... »

HÉLÈNE. — Je serai de retour dans trois mois...

JEAN. — Et vous m'aurez oublié!... Et tout ce que
vous m'aviez laissé entrevoir aura disparu!...

HÉLÈNE. — Jean, ne me faites pas repentir de
vous avoir parlé comme je l'ai fait...

JEAN. — Oui... mais il faut que vous me promet-
tiez de penser encore un peu à moi qui vais être
si malheureux loin de vous! A présent, j'ai une
raison d'être, une raison de travailler!... Je veux
que vous soyez un jour ma femme!...

HÉLÈNE. — Vous songez à cela sérieusement?...

JEAN. — Ne vous moquez pas!... C'est cette idée
qui me soutiendra! J'arriverai à ce que je veux!...
Et ce jour-là, si vous m'aimez encore un peu, je
vous demanderai de tout quitter pour moi.

HÉLÈNE. — Tout cela, c'est du rêve, Jean!...
J'aurai sans doute disparu de vos souvenirs, et
depuis longtemps... Ne vous attardez pas à cette
folie.

JEAN. — Vous verrez comme je vous aimerai,
comme je saurai vous aimer tendrement, absolument.
Pour vous, j'aurai le courage d'entreprendre les
tâches les plus dures... Je voudrai que vous ayez la
fierté de porter mon nom, que vous soyez la plus
enviée des femmes et surtout la plus aimée... Hélène...
Hélène...

Il est tout près d'elle.

HÉLÈNE, se dégageant. — Non!... Non!... (Un temps.)
Jean, vous voyez que j'avais raison... Nous ne pouvons plus rester l'un près de l'autre...

JEAN. — Adieu, Hélène...

HÉLÈNE. — A la bonne heure, vous voilà redevenu
sage... Allez...

JEAN. — C'est tout votre adieu?...

HÉLÈNE. — Puisque vous êtes sage, tenez!... (Elle
lui tend la joue. Jean l'embrasse dans le cou; Hélène, nerveuse,
reprend.) N'abusez pas!... Bonne nuit!... Pour vous
faire plaisir, je ne m'en irai que demain soir... Et

maintenant ?...

> Elle va vers la porte.

JEAN, l'arrêtant. — Attendez... Il me semble que l'on vient !...

HÉLÈNE, écoutant. — Mon Dieu !... c'est le veilleur... il va nous voir !...

JEAN, éteignant la lampe. — Non...

> Nuit sur la scène.

HÉLÈNE. — Trop tard... il aura aperçu la lumière... il va entrer ici... (Elle l'entraine à droite.) Ne bougez plus !...

> Le veilleur passe au fond; puis la porte s'ouvre et l'on voir Surot. Grand temps. Jeu de scène de Surot.

HÉLÈNE. — C'est Surot ! Qu'est-ce qu'il fait ?

JEAN. — Je ne sais pas.

HÉLÈNE. — Il est au bureau. Chut ! (A la porte) Il est parti... Il vous avait suivi...

JEAN. — Peut-être... Vite... de la lumière.

HÉLÈNE, rallumant la lampe. — Voilà !...

JEAN. — Il a forcé le tiroir du bureau !... L'argent n'y est plus...

HÉLÈNE. — Quel argent ?

JEAN. — Les cinq cents francs de la souscription, que M. Bron a enfermés là, tantôt. Ah ! le bandit !... Je vais le rattraper...

HÉLÈNE. — Arrêtez !... Ce serait lui avouer que vous étiez chez moi.

JEAN. — Que faire alors ?

HÉLÈNE. — Rien... Nous taire...

JEAN. — Mais l'argent !... l'argent qui a disparu !...

HÉLÈNE. — Oh ! ne vous occupez pas de l'argent, je le remettrai !... Tout le monde doit ignorer que vous êtes venu ici... Mon mari surtout... Allez-vous-en, je vous en prie !...

JEAN. — Mais l'argent !

HÉLÈNE. — J'irai le demander demain matin à ma sœur, Mme Blanchard, qui habite le Plessis. Mon mari ne rentre qu'à trois heures, en partant de bon matin, je serai de retour avant lui. Je mettrai les cinq cents francs dans le tiroir... des billets, n'est-ce pas ?

JEAN. — Oui, cinq billets dans une enveloppe.

HÉLÈNE. — De cent francs ?

JEAN. — Oui... Cinq billets de cent francs que

M. Bron a placés dans une enveloppe devant moi...

Hélène. — Bon!... Maintenant, partez, que je ferme la porte derrière vous!...

Voix de Mélie, au dehors. — Madame... Madame!...

Hélène. — Ah! Mélie qui descend!... Emportez la clef... vous me la rendrez demain... (Sortant de la cartonade.) Eh bien, Mélie, qu'est-ce qu'il y a?... Je n'ai besoin de rien!

Voix de Mélie. — Je croyais avoir entendu du bruit, alors...

La porte se referme.

Jean. — Le veilleur!...

Cincinnatus, du dehors, essaye de distinguer ce qui se passe, puis le point lumineux revient en arrière. Cincinnatus pousse la porte.

Cincinnatus. — Qui est là? (Il cherche avec la lanterne.) Qui est là?

Jean. — Mais moi...

Cincinnatus. — Qui ça, vous?... Ah!... Monsieur Brassier... je vous ai pris pour un cambrioleur... Qu'est-ce que vous fichez, là?

Jean. — J'avais besoin de mon livret scolaire que M. Lormier avait oublié de me donner, et comme il faut que je l'expédie demain matin...

Cincinnatus, riant. — Allons, allons... ne me racontez pas des histoires... Vous alliez voir Mélie, hein?... Ça, je n'aurais pas cru ça de vous, si timide!... Ecoutez, ce serait un autre que vous que j'aurais pincé, je ferais mon rapport... Mais pour vous, je fermerai les yeux, à condition que ça ne recommence pas, hein? Et regagnez votre dortoir sans bruit...

Jean. — Je vous remercie...

Cincinnatus. — De rien... Allons, passez devant, somnambule!...

Il emmène Jean.

RIDEAU

ACTE III

Même décor; grand jour. C'est le lendemain après-midi. Au lever du rideau, la scène est vide. Sonnerie prolongée.

Scène première

MÉLIE, puis PIERRE NAVAILLE,
M. et Mme BRASSIER

MÉLIE, arrivant de la gauche. — Voilà!... Voilà!... Attendez, c'est encore fermé à clef!... Qu'est-ce que j'en ai fait de ma clef?... Ah!... la voilà...

Elle ouvre.

PIERRE. — Mme Lormier est visible. Il y a là les parents de Jean. M. et Mme Brassier, qui voudraient lui rendre visite.

MÉLIE. — Les parents de M. Brassier?... Oh! faut pas les laisser dehors...

Elle sort à gauche.

PIERRE. — Entrez, madame et monsieur...

Mme BRASSIER. — Merci, mon petit ami...

MÉLIE. — Mais, monsieur, madame est sortie ce matin de bonne heure pour aller au Plessis, voir sa sœur Mme Blanchard.

BRASSIER. — Ah!

MÉLIE. — Même qu'elle était rudement pressée, matin!

BRASSIER. — Alors, nous nous retirons.

MÉLIE. — Oh! monsieur, je ne pense pas que madame tarde à rentrer... elle a dit comme ça qu'elle serait de retour tout de suite après le déjeuner...

Mme BRASSIER. — Nous craignons de gêner...

PIERRE. — Monsieur et madame Brassier peuvent attendre ici. Ils seront mieux qu'au parloir où il fait si froid.

MÉLIE. — Pour sûr. Monsieur Navaille, j'ai du lait sur le feu, tenez-leur compagnie, hein?

PIERRE. — Ne craignez rien. (Mélie sort.) Madame, mettez-vous là, et vous, monsieur, approchez-vous du

..feu.

Mme BRASSIER. — Vous êtes bien gentil.

BRASSIER. — Je croyais trouver tout le monde à cette heure.

PIERRE. — D'ordinaire M. Lormier ne s'absente jamais, mais cette fois il avait quelque chose d'important, il est allé à Paris pour voir le ministre.

BRASSIER. — Ah! bah!

PIERRE. — Seulement faut pas le dire.

BRASSIER. — Ah! vraiment!...

PIERRE. — Mais il sera de retour à trois heures.. Vous n'avez pas longtemps à attendre.

BRASSIER. — Vous êtes bien renseigné, mon enfant! Qui êtes-vous donc?

PIERRE. — Je suis Pierre Navaille... l'ami de Jean!... Il ne vous a donc pas parlé de moi?

Mme BRASSIER. — Mais si... tu sais bien!...

BRASSIER, gaffant. — Ah! oui... C'est vous le petit garçon qui...

Il s'arrête net.

PIERRE, souriant. — Oui... c'est moi le petit garçon qui...

Mme BRASSIER. — Jean a beaucoup d'affection pour vous.

PIERRE. — C'est un chic type!...

Mme BRASSIER. — Il se porte bien?

PIERRE. — Oh! oui!... Il va être rudement heureux de vous voir!... En ce moment, il est à la poste pour expédier ses papiers d'examen. Je vais au-devant de lui.

Mme BRASSIER. — Vous êtes mille fois aimable.

PIERRE. — Vous savez, madame, c'est à vous que Jean ressemble... il a vos yeux!

Mme BRASSIER, riant. — Vous trouvez?

PIERRE. — J'en suis sûr!... Je cours chercher Jean.

Il sort au fond.

Scène II

M. et Mme BRASSIER, puis HELÈNE

BRASSIER. — Il est gentil, ce petit bonhomme...

Mme BRASSIER. — Je n'ai pas osé lui demander des

nouvelles de Jean.

BRASSIER. — Tu vas le voir, ton Jean!... Il est soigné à merveille ici... on l'élève dans du coton! Lormier est un vieux camarade; il s'est beaucoup intéressé à l'enfant. Du reste, il peut le choyer!... Notre fils lui a gagné, l'an dernier, un prix d'honneur au concours général!... Ça comptera dans la carrière de Lormier!

Mme BRASSIER. — Mon petit Jean!... J'ai peur qu'on le fasse trop travailler!

BRASSIER. — Allons!... On ne travaille jamais trop!... Moi, j'ai bûché de dix ans à vingt-cinq, pendant douze heures par jour! Je ne me suis reposé qu'après mon doctorat!

Mme BRASSIER. — Quand tu n'étais plus bon à rien!

BRASSIER. — Marie!

Mme BRASSIER. — Ah!... C'est toi qui me l'as dit. « Les diplômes... on ne les a que quand on ne peut plus s'en servir. »

BRASSIER. — Moi... je n'ai jamais eu d'ambition. Mais je veux que Jean devienne quelqu'un.

Mme BRASSIER. — Je ne veux pas que Jean s'éreinte ni se rende malade.

BRASSIER. — Il se porte comme un charme. Tu as entendu?

Mme BRASSIER. — C'est égal! Ses dernières lettres m'inquiétaient. Il me semble que mon petit a de la peine, ou de la fatigue. Il m'écrit moins longuement. Et je sens qu'il y a des choses qu'il ne dit pas!

BRASSIER. — Là!... Tu vas l'imaginer tout de suite des catastrophes!

Mme BRASSIER. — Pourquoi n'est-il pas venu, durant ses vacances? Les vacances appartiennent aux mamans.

BRASSIER. — Il donne le dernier coup de collier!... Eh! on n'entre pas comme ça à l'École normale!

Mme BRASSIER. — Bah!... L'important, c'est qu'on en sorte. Ton collègue Nivard affirme qu'il sort de l'École normale, et pourtant il n'y est jamais entré. Ainsi!

BRASSIER. — Tu n'entends rien à tout cela!... Ah!... Voici Jean.

JEAN, entrant. — Maman, père, c'est gentil d'être

venus.

Mme BRASSIER. — Mon petit Jean !

BRASSIER. — Eh bien, le voilà ton fils, on ne l'a pas changé.

Mme BRASSIER. — Mais qu'est-ce que tu as, tu es tout pâlot !

JEAN. — Non, maman.

Mme BRASSIER. — Viens donc que je te regarde un peu : tu n'as pas ta figure ordinaire.

JEAN. — J'ai mal dormi.

Mme BRASSIER. — Ou plutôt tu n'as pas dormi du tout. Pourquoi ?

JEAN. — Mais, maman, je t'assure...

Mme BRASSIER. — Tu n'es pas souffrant ?

JEAN. — Mais non.

BRASSIER. — Figure-toi que ta mère s'attendait à trouver un être miné par le travail et la fatigue. Tout de même, tu as une fichue mine.

JEAN. — Oh ! ce n'est pas grave !

BRASSIER. — Tu ne fais pas assez d'exercice, mon enfant. Il faut te distraire... Sans ça, tu t'abrutiras. Voyons, où en es-tu ?... Ton grec ?

JEAN. — Ça va... Ça va... Tu as vu Mme Lormier ?

Mme BRASSIER. — Non.

JEAN. — Elle n'est pas encore rentrée ?

BRASSIER. — Qu'est-ce que ça peut te faire ; continuons. Ta phonétique ?

JEAN. — Ma phonétique ?... Hum ?... Pas fort ?... Je m'en sortirai.

BRASSIER. — Il ne faut pas dire : « Je m'en sortirai ! » Avec des raisonnements pareils, on est séché !

JEAN. — Tant pis !... ça m'est égal !

BRASSIER. — Ah ça... Mais il est fou !... Je ne l'ai jamais vu comme ça !

Mme BRASSIER. — C'est vrai, tu as la fièvre. Tu as eu une contrariété que tu ne nous as pas dite.

JEAN. — Peut-être. Deux heures et demie. Ecoute, père, je vais t'expliquer ; c'est une chose très grave..

VOIX DE LORMIER. — Comment, monsieur et madame Brassier sont là ? il y a longtemps ?

BRASSIER. — Eh bien !

JEAN. — Plus tard, plus tard.

LORMIER. — Bonjour, chers amis. Madame, je vous

salue. Mon vieux Brassier, il y a des éternités qu'on ne s'est vu.

Mélie entre.

Mme BRASSIER. — Plus de six mois.

LORMIER. — Déjà, ça file. Bonjour, Jean, comment l'avez-vous trouvé, votre fils ?...

Mme BRASSIER. — Très bien, oui, assez bien.

LORMIER. — Vous pouvez le gronder, il ne se donne pas une minute de répit.

Mme BRASSIER. — Ah ! tu vois.

LORMIER. — Il ne veut même plus venir chez nous, il nous boude.

JEAN. — Oh ! monsieur.

BRASSIER. — Comment, Jean ! C'est ainsi que tu réponds aux bontés que l'on a pour toi ?

Mme BRASSIER. — Mon Jean !

LORMIER. — Voyons, je plaisantais ; c'est un brave garçon que nous aimons tous bien. Asseyez-vous donc. Vous êtes pour longtemps à Chambrun ?

Mme BRASSIER. — Pour deux jours : nous sommes descendus à l'hôtel de l'Univers et du Périgord réunis.

LORMIER. — Alors, vous dînez ce soir avec nous : vous ne pouvez pas refuser.

BRASSIER. — C'est que...

LORMIER. — Du reste, Hélène saura bien vous retenir. Vous l'avez vue ?

Mme BRASSIER. — Pas encore, elle est sortie, paraît-il.

LORMIER. — Tiens ! au fait, c'est vrai, elle ne m'attendait pas si tôt. J'ai pris le rapide de onze heures, un nouveau train bien commode.

BRASSIER. — Eh bien !... Tu es content de ton voyage ?...

LORMIER. — Le ministre m'a reçu !... Quel homme intelligent !...

BRASSIER, stupéfait. — Delatour-Mauverdin ?... Intelligent ! Depuis quand ?

LORMIER. — Il m'a dit : « Monsieur Lormier, vous êtes le meilleur principal de France. Chez vous, il n'y a jamais d'incident. Le recteur m'envoie sur votre collège des rapports admirables... Il paraît que vous réussissez à Chambrun... Le collège est dans une bonne situation. Vous alliez me demander de l'avancement, j'ai prévenu vos désirs. Vous serez nommé, en juillet, censeur à Paris ! et vous entrerez en fonctions dès octobre. »

BRASSIER. — Je suis heureux d'être le premier à te féliciter...

LORMIER. — Merci. Je vous recommande le silence... tant que le mouvement n'a pas paru..

Mme BRASSIER. — Vous serez proviseur dans trois ans...

BRASSIER. — Et décoré !

LORMIER. — Alors, je réclamerai pour mon lycée ton fils Jean. Il sortira de Normale justement. Un an de stage en province. Et nous le ramenons à Paris. Tu sais qu'il passera sûrement, et dans les premiers.

BRASSIER. — Nous verrons ! Il ne faut pas donner trop d'orgueil aux enfants, ça les rend paresseux.

LORMIER. — Je réponds du succès. Alors, chère madame, vous nous restez à dîner pour fêter sa nomination ?

Mme BRASSIER. — Ne sommes-nous pas bien indiscrets ?

LORMIER. — Pas du tout. Venez par ici ôter votre manteau et votre chapeau.

Il les emmène.

JEAN, seul, passe au bureau. — Il n'a pas encore été à son bureau ! Pourvu qu'Hélène arrive à temps. Ah ! elle. (Il va à la porte.) Eh bien ?

HÉLÈNE, entrant. — J'ai les cinq billets de cent francs. J'ai tout raconté à ma sœur qui a bien voulu me prêter la somme.

JEAN. — Vite. Votre mari est là.

HÉLÈNE. — Mon Dieu !

JEAN. — Il est avec mes parents ; mettez les billets dans une enveloppe, une enveloppe bleue !

HÉLÈNE. — Il n'y a pas d'enveloppe bleue ! Ah ! si, dans mon secrétaire. Là, c'est fait.

JEAN. — Mettez vite l'enveloppe dans le tiroir.

Elle va vers le tiroir. Lormier entre.

LORMIER. — Ah ! Hélène, enfin vous êtes de retour.

Il l'embrasse.

HÉLÈNE. — Mon ami.

LORMIER. — Où êtes-vous allée de si bonne heure ?.

HÉLÈNE. — Au Plessis, chez ma sœur.

LORMIER. — J'ai une bonne nouvelle à vous annoncer : vous allez quitter cet affreux Chambrun ; je suis nommé à Paris.

Il va à son bureau.

HÉLÈNE. — Ah !

LORMIER. — Vous êtes contente, j'espère.

HÉLÈNE. — Très contente, oui, très contente...

LORMIER. — Vous n'en avez pas l'air ; c'est surtout un avancement inespéré. Enfin !

HÉLÈNE. — Je vous assure, je suis enchantée d'être la première à vous féliciter.

LORMIER. — La première, pas tout à fait. A propos, les parents de Jean sont là, je les ai retenus à dîner. Allez les rejoindre. Jean, vous venez ?

HÉLÈNE. — Je vous suis.

Mouvement vers le bureau.

BRON, entrant par le fond. — Monsieur le principal, bonjour. Madame, vous avez passé une bonne nuit ?

HÉLÈNE. — Très bonne, je vous remercie, monsieur Bron.

BRON. — Eh bien, il y a du nouveau, monsieur le principal ?

LORMIER. — Ne m'appelez plus M. le principal, appelez-moi M. le censeur.

BRON. — Ah bah ! Vous êtes...

LORMIER. — Oui, c'est fait, j'ai vu le ministre. Il m'a supplié de venir à Paris comme censeur... Je me suis fait tirer l'oreille. Mais il a tellement insisté que j'ai fini par accepter. Il est très bien, ce garçon-là !... C'est quelqu'un...

BRON. — Je suis heureux d'être le premier à vous féliciter...

LORMIER. — Je n'ai pas besoin de vous dire que je ne vous oublierai pas, Bron. Je vous réclamerai comme surveillant général.

Il va pour sortir.

BRON. — Vous êtes trop bon, monsieur le principal.

LORMIER. — Vous avez à me parler.

BRON. — Je venais vous faire mon rapport.

LORMIER. — Oh ! c'est si pressé, monsieur Bron.

BRON. — Nullement, je reviendrai.

LORMIER. — Du tout, puisque vous êtes là, débarrassons-nous des affaires sérieuses. Hélène, allez retrouver vos invités. (Hélène ne bouge pas.) Allez.

Hélène. — Bien, mon ami.

Elle sort.

Scène III

LORMIER, BRON

Bron. — Je suis désolé de vous avoir dérangé.

Lormier. — Oh! l'administration avant tout. Il ne s'est rien passé en mon absence?

Bron. — Rien; les élèves ont fait l'étude du soir, puis ils se sont couchés. J'ai pris sur moi d'autoriser Surot à sortir tantôt; il souffre des dents. Ce matin, comme à l'ordinaire : l'étude remplaçant les classes. En ce moment, c'est la récréation. Voilà!...

Lormier. — Parfait!...

Bron. — Ah!... J'ai reçu une lettre de Marius Carliès...

Lormier. — Le statuaire...

Bron. — ... qui exécute le monument du regretté Gandouille... Son œuvre est presque achevée, mais il réclame un acompte.

Lormier. — Encore?

Bron. — Je serais d'avis de ne pas lui refuser ce qu'il demande, puisque nous avons les fonds... Les cinq cents francs...

Donne la lettre.

Lormier. — Bon... je vais vous les rendre... (Il prend sa clef et va au bureau.) Mais vous écrirez à M. Carliès qu'il se hâte! Je tiens à présider la cérémonie!... Tiens! c'est curieux!...

Bron. — Qu'y a-t-il?...

Lormier. — Vous n'avez pas fermé le tiroir, hier?

Bron — Pardon!... J'ai même donné deux tours de clef.

Lormier. — Ah!... C'est bizarre. (Il ouvre le tiroir et fouille.) Mais... l'enveloppe n'est pas là!

Bron. — Vous êtes sûr? Cherchez bien.

Lormier. — Cherchez vous-même... Où l'avez-vous placée?

Bron. — Là... en évidence... je cherchais une

cachette; mais vous étiez pressé, alors j'ai vite fermé le tiroir, et j'ai rendu la clef à l'élève Brassier.

LORMIER, qui a tiré les papiers. — Regardez... il n'y a rien.

BRON. — Elle a peut-être glissé... (Il retire le tiroir.) Non!

LORMIER, examinant le tiroir. — Oh!... Voilà qui est tout à fait surprenant... On a forcé ce tiroir!...

BRON. — Ce n'est pas possible!...

LORMIER. — On l'a forcé!... Il y a là des traces d'effraction... Tenez, on a fait sauter la serrure à l'aide d'une lame de fer introduite dans la rainure. Mon cher Bron, il n'y a pas à chercher plus loin... J'ai été gentiment cambriolé!

BRON, terrifié. — Au secours!...

LORMIER. — Je vous en prie... Et surtout tâchons de ne pas ébruiter ce petit fait divers. Les pères de l'établissement Lacordaire seraient trop heureux d'exploiter le scandale à leur bénéfice. Nous allons voir ça.

Il sonne.

MÉLIE, entrant de la salle à manger. — Monsieur m'a sonnée?

LORMIER. — Oui... Mélie, ce matin, quand vous avez fait le bureau...

MÉLIE. — Je n'ai pas eu le temps... j'avais trop à faire... et moi, quand j'ai trop à faire...

LORMIER. — Oui... Oui... Ainsi, vous n'êtes pas entrée ici?...

MÉLIE. — Personne n'a pu entrer, puisque j'ai été obligée d'ouvrir tout à l'heure à M. et Mᵐᵉ Brassier qui étaient à la porte.

LORMIER. — Tiens?... ce matin et hier vous n'avez vu personne?

MÉLIE. — Ce matin, personne, et je n'ai pas bougé! Madame est partie de très bonne heure. Hier soir j'ai seulement vu... Cincinnatus... M. Auguste, le veilleur. C'est même lui qui nous a enfermés, vu que je trouvais plus la clef de monsieur et que j'avais pas la mienne!... Je suis allée me coucher et j'ai rêvé le cauchemar...

LORMIER. — Vous n'avez rien entendu de suspect?

MÉLIE. — Non, monsieur. Je rêvais le cauchemar!

BRON. — Et la clef?... la clef de monsieur?...

MÉLIE. — Je ne l'ai pas retrouvée... Qu'est-ce qui est donc arrivé ?

LORMIER. — Rien... rien... allez, ma fille... Ah ! prévenez M. Chamboulin que je veux lui parler.

MÉLIE, sortant. — Oh !... sûr qu'il y a de l'erreur !

Scène IV

LORMIER, BRON, puis CHAMBOULIN

LORMIER. — Qu'en pensez-vous, Bron ?

BRON. — Je vous avoue que je ne pense pas... je ne peux pas penser... Un événement pareil !... dans notre collège !... Je n'en reviens pas !...

LORMIER. — Le coupable n'est pas un étranger au collège... Vous avez fait refaire les treillages : on n'a pu s'introduire par là. Le voleur connaissait l'endroit où l'on avait enfermé l'argent. Or, c'est au moment de mon départ seulement que vous m'avez remis l'enveloppe, et une enveloppe bleue. Le vol a été conçu et commis entre six heures et ce matin. Il a fallu une rude poigne pour forcer le tiroir du bureau qui est en chêne.

BRON. — Cinq cents francs !... Comment allons-nous avouer ce déficit aux héritiers Gandouille ?

LORMIER. — L'argent, peu importe... je le remplacerai... mais ce qui me semble impossible, c'est qu'il y ait un voleur, chez moi !...

BRON. — Oh !... êtes-vous sûr ?... Il y aurait eu des précédents... de petits vols préparatoires !...

LORMIER. — Oh !... Celui qui a réussi ce coup est un gaillard adroit... Il aurait craint de donner l'éveil... Il a dû attendre une bonne occasion. Ah ! monsieur Chamboulin !...

CHAMBOULIN, essoufflé. — Ah ! monsieur le principal, je viens d'apprendre la bonne nouvelle, je suis heureux d'être le premier à vous féliciter... Vous avez fait bon voyage, monsieur le principal ?

LORMIER. — Bon voyage et mauvais retour, Chamboulin... je trouve mon tiroir fracturé... on y a pris cinq cents francs...

CHAMBOULIN. — Oh !... c'est inouï !... c'est épouvantable !...

LORMIER. — Oui, oui !... Vous n'avez rien remarqué

de suspect?... Les élèves?...

CHAMBOULIN. — Il n'y en a pas un qui soit capable de cette infamie... Du reste, je ne les ai pas quittés... la nuit, j'ai le sommeil très léger, un rien me réveille.

BRON. — Entre le réfectoire et le dortoir, ces messieurs sont restés à l'étude du soir?

CHAMBOULIN. — Oui, monsieur. J'avais chargé Cincinnatus de les surveiller. Mᵐᵉ la principale m'ayant invité...

BRON. — Je suis sorti à dix heures, après vous, monsieur Chamboulin. Je me souviens... j'étais assis dans votre fauteuil, monsieur le principal... le tiroir était encore intact.

LORMIER. — Tiens!... Ceci va nous mettre sur la voie!

BRON. — Quoi donc?

LORMIER, prenant un couteau sur le bureau. — Un couteau... un couteau suédois, qui a dû servir à l'effraction... Vous voyez, la lame est ébréchée... A qui appartient cet instrument, monsieur Chamboulin?

CHAMBOULIN. — Montrez... je ne le reconnais pas...

BRON. — Il y a un B que l'on a taillé sur le bois du manche. Mais ça ne peut pas être moi...

CHAMBOULIN. — En ce moment, au collège, il n'y a que deux personnes dont le nom commence par un B... MM. Bézou et Brassier...

LORMIER. — Oh! M. Brassier, Dieu merci, est hors de soupçon... Qu'est-ce que c'est que ce Bézou?

CHAMBOULIN. — Mon Dieu... l'élève Bézou n'a pas, à proprement parler, de caractère bien défini. C'est, en quelque sorte, un appareil digestif monté sur deux jambes : il mange tout le temps... je ne lui crois pas de passions bien vives!...

LORMIER. — Eh! monsieur Chamboulin, on vole beaucoup par gourmandise... Je ne dis pas cela pour incriminer l'élève Bézou!... Du reste, nous allons voir. Appelez les élèves dans mon cabinet.

CHAMBOULIN, sortant. — Bien, monsieur le principal.

Il sort.

LORMIER. — Bron, nous tenons le fil... Quand nous saurons à qui appartient cette arme, nous serons très près de la certitude.

BRON. — Et dire que ça s'est produit la nuit même où vous me confiez le collège!... C'est désastreux!...

Scène V

LES MÊMES, CHAMBOULIN, BRASSIER, NAVAILLE, BÉZOU, TRANEL, AMBREVILLE, DES CHARMETTES, SUROT, MAINGOURD

Brouhaha d'entrée. « Qu'est-ce que c'est? Qu'est-ce qu'il y a? »

TRANEL. — On rappelle?... Pourquoi?...

AMBREVILLE. — Le grand singe vert est nommé à Paris?

DES CHARMETTES. — Oui... C'est papa qui l'a recommandé au ministre.

CHAMBOULIN. — Silence, messieurs!... (Bas.) Monsieur Bézou, comment osez-vous vous présenter ici, la bouche pleine?

BÉZOU. — Hon!... Hon!...

Il pousse des grognements inarticulés.

LORMIER. — Messieurs... il s'est passé hier soir des événements très graves, où l'honneur de notre collège se trouve engagé... Nous vous demandons, de nous donner tous les renseignements qui pourraient nous aider dans nos recherches. Il ne faut pas que le collège de Chambrun reste sous la suspicion... Monsieur Bézou, approchez!...

BÉZOU. — Hon!... Hon!...

LORMIER, surpris. — Qu'est-ce que vous avez?

BRON, confidentiel. — Il mange!... monsieur le principal.

LORMIER. — Avalez d'abord!... Bon!... Ce couteau vous appartient-il?

BÉZOU. — Non...

LORMIER. — Bien vrai?... Il est marqué d'un B...

PIERRE. — Mais c'est le couteau de Brassier!...

JEAN. — En effet!...

LORMIER. — C'est impossible... Ce couteau est à vous, Brassier?

BRASSIER. — Oui... Comment se trouve-t-il là?...

LORMIER. — C'est à vous de nous l'expliquer!... Il était sur mon bureau.

JEAN. — Je suis tout à fait surpris... Il faut que quelqu'un l'ait pris dans mon pupitre, n'est-ce pas, Pierre?... Tu m'avais prié de te le prêter, hier?

PIERRE. — Oui, et je t'ai vu ensuite le remettre à sa place!!!

LORMIER. — Ce qu'il y a de plus surprenant, c'est que cet objet soit venu, de l'étude qui est fermée à neuf heures, sur ce bureau qui est fermé à dix.

JEAN. — Cela me paraît assez étrange, à moi aussi.

LORMIER. — Vous n'avez pas quitté le dortoir?

JEAN. — M. Chamboulin peut répondre pour moi.

CHAMBOULIN. — Non, monsieur le principal!... Personne n'a quitté le dortoir. Sans ça, je me serais éveillé, j'ai le sommeil si léger!

> Ici Pierre est pris d'une quinte d'hilarité qu'il essaye d'arrêter.

LORMIER. — Qu'est-ce que c'est!... Navaille!...

PIERRE. — Rien, monsieur!... Rien!... C'est à cause du sommeil léger!

CHAMBOULIN. — Chut!

JEAN. — Monsieur le principal, puis-je vous demander la raison de cet interrogatoire?

LORMIER. — Je vous la donnerai tout à l'heure... Monsieur Chamboulin, vous avez fait appeler Cin-cinn... enfin, Auguste... le concierge...

> Rumeur parmi les enfants.

CHAMBOULIN. — Il attend au dehors! (Murmure.) Silence!... (Il va au fond.) Ou je consigne le premier qui bouge.

Scène VI

LES MÊMES, CINCINNATUS

CINCINNATUS. — A vos ordres, monsieur le principal!

LORMIER. — Cette nuit, vous avez fait vos rondes, comme d'habitude?

CINCINNATUS. — Oui, monsieur le principal! Voilà les fiches du contrôle.

LORMIER. — Merci. Vous n'avez rien remarqué d'insolite?

> Brassier fait un mouvement vite réprimé.

CINCINNATUS. — Mon Dieu, non, monsieur le principal!

LORMIER. — Vous n'avez rencontré personne dans les environs d'ici?

CINCINNATUS. — Non!

LORMIER. — Aucun élève?...

CINCINNATUS, hésitant en regardant Brassier. — Non... aucun.

LORMIER. — M. Bézou... ou M. Brassier...

CINCINNATUS. — Ni l'un ni l'autre.

LORMIER. — C'est bien. Vous pouvez vous retirer.

Cincinnatus remonte au fond.

JEAN. — Cette fois, monsieur le principal, je veux que l'on me dise!...

LORMIER. — Ne vous troublez pas, mon ami!... Si j'insiste ainsi, c'est dans votre intérêt... Vous avez été mêlé, à votre insu, à une histoire très grave, et je tiens à établir votre parfaite innocence...

JEAN. — Mon innocence?

LORMIER. — Cette nuit, on a fracturé mon tiroir, et l'on a volé une enveloppe contenant cinq billets de cent francs.

TOUS. — Oh!

LORMIER. — Vous comprenez pourquoi je tiens à découvrir moi-même le voleur, afin d'éviter les tracasseries de la justice...

JEAN, indigné. — Mais, monsieur le principal!... je ne vois pas en quoi cette affaire me concerne.

LORMIER. — Vous avez accompagné M. Bron lorsqu'il est venu effectuer le dépôt dans mon bureau... C'est vous qui m'avez rapporté la clef... L'effraction a été commise avec votre couteau, que l'on retrouve ici!...

JEAN. — Vous ne voulez pas dire que l'on pourrait m'accuser?...

LORMIER. — Non, mon enfant! non!... Nous savons tous ici que vous êtes le plus honnête garçon du monde! Nous voulons seulement prévenir les insinuations de ceux qui ne vous connaissent pas!...

JEAN. — Que puis-je répondre?... On a pris le couteau dans mon pupitre... Moi!... soupçonné comme un voleur!... Monsieur le principal! que l'on ose seulement dire cette infamie devant mon père! Et vous verrez!

LORMIER. — Je vous en prie! Calmez-vous!

CINCINNATUS, revenant en scène. — Pardon, monsieur le principal!

LORMIER. — Qu'est-ce que vous voulez?

CINCINNATUS. — Tout à l'heure, je n'ai pas dit toute la vérité... J'ignorais qu'il y avait eu une affaire pareille!...

JEAN, inquiet. — Cincinnatus!...

CINCINNATUS. — Ah! dame!... monsieur Brassier!... tant pis... Mon devoir est de parler... et je parlerai...

JEAN. — Je t'en prie!...

LORMIER. — Brassier... laissez parler cet homme...

CINCINNATUS. — Voilà la chose... Il était environ dix heures et demie, je revenais de ma première ronde, lorsque, passant devant cette porte, j'ai entendu du bruit ici même... Ça m'a paru pas naturel, puisque vous étiez absent... Je suis entré avec mon passe-partout, et j'ai trouvé ici même M. Brassier.

CHAMBOULIN. — Allons donc!...

CINCINNATUS. — Comme je vous le dis, monsieur le surveillant... Il était là, tout habillé... Je lui ai demandé ce qu'il faisait à cette heure dans cet endroit... Il m'a répondu qu'il était venu chercher ses papiers d'examen!...

LORMIER. — Je les lui avais remis l'après-midi même!...

CINCINNATUS. — J'ai bien pensé que c'était une frime... Je pensais même qu'il avait une raison qu'il ne voulait pas dire...

BRON. — Quelle raison?

CINCINNATUS. — Dame... Mélie n'est pas farouche... elle était bien capable d'avoir donné la clef à un élève... surtout un élève qui n'est plus un gamin... Alors, ne voulant pas faire punir M. Brassier pour une faute de jeune homme, après l'avoir grondé, je lui ai promis que je ne dirais rien et je l'ai reconduit jusqu'à son dortoir.

LORMIER, amer. — Monsieur Chamboulin, je vous félicite sur la légèreté de votre sommeil!... (Rires parmi les élèves. Chamboulin baisse la tête. A Cincinnatus.) C'est tout ce que vous aviez à me révéler...

CINCINNATUS. — C'est tout, monsieur le principal... (A Brassier.) Je regrette, monsieur Brassier...

Mais je ne pouvais pas me taire.

LORMIER, à Brassier. — Brassier... le témoignage de cet homme est accablant !... A-t-il dit vrai ?...

JEAN. — Oui... il a dit vrai !...

LORMIER. — Alors, que faisiez-vous dans mon bureau, à dix heures et demie ?... Répondez, voyons, répondez !...

JEAN, tombant assis. — Monsieur... j'avoue... c'est moi qui ai volé les cinq cents francs.

TOUS. — Oh !

PIERRE, violemment. — Ce n'est pas vrai !...

LORMIER. — Monsieur Chamboulin, reconduisez les élèves à leur étude...

CHAMBOULIN. — Bien, monsieur le principal...

Brouhaha de sortie. Rumeurs.

AMBREVILLE. — Oh ! ça, c'est épatant !...

TRANEL. — Tu as entendu ?...

DES CHARMETTES. — Un garçon si chic !...

PIERRE. — Je vous répète que c'est faux !...

CHAMBOULIN. — Silence !... En rang !... A l'étude !..

Les élèves sortent. Cincinnatus ferme la marche.

Scène VII

LORMIER, BRON, JEAN

BRON. — Brassier !... Ah !... J'aurais soupçonné tout le monde, sauf vous !...

LORMIER. — Voyons, Jean, ce n'est pas possible... ce n'est pas vous qui avez fait cela !

JEAN, résolu. — Si, monsieur le principal !... C'est moi qui ait fait cela !

LORMIER. — Non !... ce n'est pas vous, que j'ai accueilli comme un enfant, ce n'est pas vous, le fils de mon vieux camarade Brassier, qui auriez commis une pareille vilenie !... Avouez que vous connaissez le coupable et que vous voulez le sauver... Mais, vous, vous, un cambrioleur... Allons donc !

JEAN. — Je vous répète que j'ai pris cet argent !...

LORMIER. — Qu'en auriez-vous fait ?... Vous ne sortez jamais !

JEAN. — J'avais besoin de cette somme.

BRON. — Où l'avez-vous cachée ?...

JEAN. — Je... je ne l'ai pas !

LORMIER. — Ah!... Vous voyez bien!...

JEAN. — Je ne l'ai plus... ce matin, je l'ai envoyée par la poste.

BRON .— A qui?

JEAN. — Cela, je ne vous le dirai pas...

BRON. — A une femme?...

JEAN. — Oui... à une femme.

BRON. — Je l'aurais parié... Une de ces créatures de Paris!...

LORMIER. — Je tombe de mon haut!... Vous, dont j'estimais tant le caractère sérieux, droit... Vous, si ardent au travail, vous auriez cédé à de pareils entraînements?... Non, je n'arrive pas à le croire!

JEAN. — Et que faut-il que je dise pour vous persuader?... N'avez-vous pas remarqué vous-même que j'avais des ennuis?... N'avez-vous pas essayé de me les faire avouer... Il me fallait de l'argent!... Hier, quand vous m'avez envoyé avec M. l'économe, j'ai eu tout de suite la mauvaise pensée... j'ai tenté de lutter... Mais on me réclamait cinq cents francs... juste la somme... C'est ça qui m'a tenté... J'ai perdu la tête. Je me suis imaginé qu'on ne saurait rien! que l'on mettrait cela sur le compte des ouvriers qui ont été appelés la semaine dernière pour les réparations... Et puis, je n'ai même pas réfléchi si longtemps... tout s'est brouillé... Dès que mes camarades ont été tous endormis, je me suis glissé jusqu'ici... et voilà!...

LORMIER. — En vérité, vous mettez à vous accuser une insistance que les coupables mettent d'ordinaire à se défendre!

JEAN. — A quoi bon me défendre, puisque je suis pris... (Jetant une clef sur la table.) Tenez, voilà la clef de la porte d'entrée que j'ai prise sur votre bureau tandis que M. Bron enfermait l'envelope dans le tiroir... Et, maintenant, me croyez-vous?... Et combien de fois faudra-t-il vous répéter que j'ai volé!...

LORMIER. — Eh bien... répétez-le donc à votre père!...

Scène VIII

LES MÊMES, BRASSIER père, Mme BRASSIER, HELENE

BRASSIER. — Qu'y a-t-il?... Qu'est-ce que tu as, Jean?

JEAN. — Oh! Pas devant lui!...

LORMIER. — Si... devant lui!... (A Brassier père.) Mon pauvre ami, je te demande pardon de te causer la plus grande douleur de ta vie!... Ton fils est indigne de toi!

BRASSIER. — Allons! qu'est-ce que ça signifie!...

LORMIER. — Oui... Ton fils Jean m'a volé cinq cents francs!...

BRASSIER. — Tu es devenu fou, Lormier!... Jean, un voleur!... Qu'est-ce que tu me chantes?...

LORMIER. — Interroge-le... Il a tout avoué!...

BRASSIER. — Voyons... ce n'est pas possible! Tu as?

JEAN, bas. — Oui, père...

BRASSIER. — Tu as fait cela!... Toi, Jean!... Tu serais un misérable? un gredin?...

LORMIER. — Mon ami!...

BRASSIER, appelant. — Laisse-moi, Marie!... Viens!... Tu ne sais pas!... Notre Jean a volé! Notre Jean a volé!

Mme BRASSIER. — Qui a dit cela?

BRASSIER. — Jean... défends-toi!... Devant elle, dis que c'est faux, que l'on a menti!...

JEAN. — Non!... on n'a pas menti!... J'ai volé!...

Mme BRASSIER, fondant en larmes. — Oh!... mon petit, mon petit!...

BRASSIER. — Malheureux! Tu nous as tués!... Ah! penser que ce coup nous vient de toi, qui étais notre fierté, notre existence même!...

JEAN. — Père!...

BRASSIER. — Va, je ne veux plus te voir!...

Mme BRASSIER, en larmes. — Jean! Jean!... Mon petit Jean!...

LORMIER, à Hélène. — Emmène-la!

Mme BRASSIER. — Quel malheur! quel malheur!...

Mme Brassier sort, soutenue par Hélène.

Scène IX

LES MÊMES, moins Mme BRASSIER et HELENE

BRASSIER. — Tu vois ce que tu as fait.

JEAN, très triste. — Père... père... pardonne-moi... si tu savais !...

BRASSIER. — Je ne te pardonnerai jamais... (A Lormier.) Que vas-tu faire ?

LORMIER. — Viens... nous allons discuter cela... je veux que tu sois toi-même son juge... Monsieur Bron, vous nous accompagnez... (A Jean.) Quant à vous, attendez ici que nous ayons pris une décision... Votre faute n'atteint pas seulement vos parents ; elle me frappe, dans mon affection pour vous, dans mon amitié pour eux, et aussi dans mes intérêts : l'esclandre va compromettre l'avancement qui m'était assuré... Je crois qu'il est difficile de mieux réussir !... Pensez à tout cela !...

Il sort.

JEAN, seul. — Ouf !... Il est persuadé !... Elle est sauvée !...

Hélène paraît.

Scène X

HÉLÈNE, JEAN

JEAN. — Maman !... Où est maman ?...

HÉLÈNE. — Elle est mieux ; Mélie reste près d'elle. Jean... Jean... pourquoi vous êtes-vous accusé ?

JEAN. — Vous ne savez pas !... Au moment où j'allais sortir, le veilleur passait, là, au dehors... et il m'a trouvé...

HÉLÈNE. — Oh !...

JEAN. — J'ai donné une excuse stupide... il n'a pas insisté... il paraît que j'inspirais confiance ! Il m'a même promis de ne rien dire. Mais votre mari a découvert le vol. Cincinnatus ne pouvait plus se taire et, désormais, c'était moi le coupable...

HÉLÈNE. — Mon pauvre petit ! Nous sommes perdus !...

JEAN. — Non... J'ai menti... pour vous sauver,

vous d'abord... Vous que j'adore et qui ne devez pas souffrir parce que vous avez été bonne pour moi. Et puis, j'ai menti pour lui... (*Il désigne la porte par où est sorti Lormont.*) Ah! je vous assure qu'à ces minutes-là, on voit clairement, sans discussion possible, où est le devoir... Mon devoir, c'était de sauver votre bonheur et c'était d'épargner une peine atroce à cet homme. Et j'ai fait mon devoir...

HÉLÈNE. — Jean!... Jean!... Et c'est parce que vous m'avez aimée que ce malheur arrive!... Et vous vous imaginez que je consentirai à ce sacrifice?

JEAN. — Hélène, je vous ai dit que je vous aimais non comme un gamin mais comme un homme!... Je désirais ardemment vous prouver que j'étais capable de me dévouer pour vous, conquérant une place, un peu de gloire et vous faisant une vie de luxe et de joie... Cela ne m'a pas été permis; l'épreuve que l'on m'a offerte n'est ni glorieuse, ni belle; mais je m'y suis soumis sans regret. Je n'ai que cela à vous offrir: mon serment de collégien, mon amour-propre d'homme... Je vous prie d'accepter ce pauvre offrande.

HÉLÈNE. — Vous n'avez pas réfléchi, mon petit, c'est toute votre vie que vous gâchez ainsi!

JEAN. — Tant pis! Je ne regrette pas!... J'aurai aimé, du moins, le plus beau des rêves!...

HÉLÈNE. — Savez que l'on ne pourra cacher cette faute, qui n'est pas la vôtre et que vous avez assumée... Les élèves, les professeurs, en seront avertis... Ces choses-là suivent un homme jusqu'à la fin de sa vie!... Et je souffrirais que vous ayez cette destinée atroce!... Ne croyez pas que j'y consentirais!...

JEAN. — Il le faut!...

HÉLÈNE. — Non, Jean!... Vous n'avez pas le droit de m'infliger ce remords... Je penserais toute ma vie: c'est parce que cet enfant m'a aimée qu'il doit en durer toutes les humiliations! Il a perdu l'estime de ses amis, l'affection de ses parents, je sais cela et je n'ai rien dit pour le sauver...

JEAN. — Non: vous vous direz: « Il m'a chérie au delà de toutes choses, il m'a donné la plus belle preuve de tendresse qu'un homme puisse donner... Il est heureux... »

HÉLÈNE. — Allons donc!... je ne serai heureux...

Demandez cela aux petites bourgeoises égoïstes, aux
femmes qui se laissent courtiser par désœuvrement.

Jean. — Que voulez-vous faire?

Hélène. — Mon devoir... j'irai trouver M. Lormier et je lui dirait tout... et il faudra bien qu'il me
croie!...

Jean. — Il ne vous croira pas. Il ne vous croira
pas. Vous l'avez dit vous-même, il est ombrageux et
jaloux, j'ai mis contre moi, contre vous, toutes les
apparences d'une faute. C'en serait fait de sa confiance en vous. Il y aurait désormais entre vous le
soupçon et votre vie serait perdue, je ne veux pas...
Je sais ce que j'ai fait... J'ai accumulé contre moi
toutes les preuves... J'ai même dit que j'avais volé
pour une femme, là-bas, à Paris. Ça, ça été le plus
pénible et il m'a fallu du courage!... Enfin, ils l'ont
cru. Et, maintenant, l'autre, le voleur, peut être tranquille; on ne cherchera pas plus loin... Vous auriez
beau vous accuser, je n'en serais pas plus innocent
pour cela.

Hélène. — Si je dis tout, on ne pourra pas ne
pas m'écouter!... Oh! je sais, vous allez me parler de
ma réputation, de mon honneur de femme. Est-ce que
cela compte!... Maintenant, tout cela n'existe plus...
je ne vois que vous, vous que je veux sauver... et
que je sauverai!

Jean. — Prenez garde!... Il y a quelqu'un que
vous oubliez!

Hélène. — Mon mari!

Jean. — Oui, il n'a pas mérité de souffir, lui!
Ecoutez, Hélène!

Hélène. — Je n'écoute rien! Quoi qu'il arrive,
tant pis pour moi.

Jean. — Je n'ai pas le droit de vous entraîner
dans mon désastre...

Hélène. — Pourquoi?

Jean. — Quand je rêvais de vous emmener avec
moi, j'étais encore quelqu'un!... Je pouvais gagner
votre vie; j'aurais eu une situation, une force... Depuis
une heure, tout cela est ruiné. Je ne suis plus qu'un
garçon taré, chassé, un déclassé enfin... Il faut que je
renonce au seul métier pour lequel je me suis préparé; de quoi vivrai-je?... Et vous pensez que je vous
ferai partager cette misère?... Hélène, vous l'avez
prédit, il faut nous quitter aujourd'hui!...

Hélène. — Jean!... Je ne veux pas!...

Elle court vers la porte.

Jean. — Hélène, prenez garde!... Si vous dites un mot, un seul, je vous jure par maman que je me tue!

Hélène. — Mais c'est affreux, mon pauvre petit!

Jean. — Je suis le seul coupable... j'ai troublé ton existence... je n'aurais pas dû parler... Ainsi, vous m'entendez? Vous allez me promettre de ne rien dire, de garder notre secret?... Sinon, vous me tuerez... Vous me le promettez?...

Hélène. — Je vous le promets.

Jean. — C'est bien. Ne pleurez pas. Laissez-moi vous dire adieu. On dit que pour les gens qui s'aiment le meilleur baiser, le plus âpre, est celui qui les sépare à jamais de celles qu'ils aiment. Hélène, voici mon meilleur baiser. Mes juges doivent avoir fini de délibérer. Allez rejoindre maman! que l'on ne vous trouve pas près de moi! Adieu!

Hélène. — Adieu, mon grand!...

Elle se retourne après un regard vers Brassier.

Scène XI

JEAN, MÉLIE

Mélie. — Monsieur Brassier!...

Jean. — Mélie!...

Mélie. — Cincinnatus m'a raconté le... la chose. C'est bien triste, tout ça!...

Jean. — Oui... c'est très triste!

Mélie. — Vous avez perdu la tête, pas?

Jean. — J'ai perdue la tête.

Mélie. — Ça arrive!... Mais vous n'avez pas été adroit, aussi! Pourquoi que vous n'avez pas dit que vous veniez pour moi!

Jean. — Hein!...

Mélie. — Moi, j'aurais dit comme vous!... Ça vous faisait un alibi!

Jean. — Je vous remercie, Mélie!... Mais je n'y ai pas songé!

Mélie. — Dites donc!... Il est peut-être encore temps!... Ça vous sauvera.

Jean. — Vous êtes trop bonne!...

Mélie. — Non, monsieur Jean, c'est vous qui êtes trop fier!...

Elle sort. Jean, seul, tombe assis et sanglote.

RIDEAU

ACTE IV

Au lever du rideau, M. Bron, debout devant la rangée des casiers adossés au mur, achève de fouiller dans celui de Brassier. A côté de lui, M. Lormier, un peu plus loin, M. Brassier père, l'air malheureux.

Scène première

BRON, LORMIER, BRASSIER

BRON. — Vous pouvez le constater vous-même, monsieur le principal, il n'y a rien, rien, j'ai procédé à un examen patient et minutieux de tous les objets. Il n'y a pas, dans ce casier et sous cet amoncellement de livres, un coin qui ait échappé à ma recherche. Le résultat de mon investigation a été purement négatif.

LORMIER. — Je pensais bien que nous ne trouverions pas les cinq cents francs puisque ce malheureux affirme les avoir envoyés par la poste, je pensais plutôt découvrir quelque indice...

BRON. — Qu'il nous est permis de conclure, du connu à l'inconnu, du général au particulier. C'est la bonne méthode, monsieur le principal. Voyons dans son pupitre, monsieur le principal. Et ceci, dès la première minute, j'ose le dire... J'ai regardé attentivement dans les livres et les cahiers. Le succès n'a pas couronné mes efforts; je n'ai rien trouvé.

LORMIER. — A part ceci, tenez!

Il tire du pupitre deux objets.

BRON. — Un gant de femme!

LORMIER. — Et des fleurs fanées!

BRON. — Il est inconcevable que ceci m'ait échappé!

LORMIER, à Brassier père, en lui montrant les objets. — Que dis-tu de cela, Brassier?

BRASSIER PÈRE, sombre. — Je dis que mon fils est un misérable; sans sa pauvre mère, j'en ferais justice!

LORMIER. — N'exagère rien encore... Il me semble impossible que ton fils ait commis cette action. Il a beau s'accuser, plus il s'accuse, plus j'ai peine à le croire.

BRASSIER. — Je te remercie, Lormier, malheureusement les faits sont là.

LORMIER. — Quels faits! Je n'en vois aucun, moi... à part cet aveu..

BROX. — Mais cet aveu est capital... malheureusement capital... *Habemus confitentem reum.* Nous avons un accusé qui avoue, comme dit Cicéron.

LORMIER. — Monsieur l'économe, laissez Cicéron, je vous prie. Il n'a que faire ici. (Prenant les gants et les fleurs.) Je connais les enfants, monsieur Brou, voici vingt ans que je vis avec eux: tour à tour répétiteur, professeur et chef d'établissement, eh bien, je vous dis qu'un brutal garçon, droit, franc, sans vices, comme l'est Brassier — un idéaliste sentimental par surcroît, et la preuve, c'est ce gant et ce sont ces fleurs — n'est pas et ne peut pas être un voleur. Il y a autre chose... Je me sens très troublé... Pour la première fois, je ne vois pas clair dans une difficulté scolaire soumise à mon examen. Pourtant, je ferai mon devoir jusqu'au bout, si pénible qu'il soit...

BROX. — J'aperçois M. Chamboulin. Cet actif fonctionnaire revient déjà de la poste.

CHAMBOULIN, entrant. — A ma prière, le receveur a interrogé les commis de service. Ni hier, ni aujourd'hui, l'élève Brassier n'a envoyé aucune somme d'argent.

LORMIER. — Ah?

BROX. — Il s'est peut-être contenté de mettre les billets sous enveloppe et de les adresser tels quels à la femme dont il nous a parlé.

LORMIER. — C'est vrai.

BRASSIER père. — Veux-tu me permettre un mot, Lormier? Je te prie d'en finir vite... Je plie sous la honte... Mon fils est un voleur, soit: mais tu peux le croire quand il te dit qu'il a volé... Il n'est ni un fou ni un héros pour s'accuser de la faute d'un autre. Je suis, depuis deux heures, à la torture, épargne-moi.

LORMIER, lui serrant la main. — Je te demande encore quelques minutes de courage. Voici ce que je vous propose, messieurs. Je ne vais pas réunir le conseil de discipline, afin de ne pas ébruiter l'affaire... (A Bron et à Chamboulin.) Messieurs, vous allez prononcer avec moi! (Ils s'inclinent.) Monsieur l'économe, êtes-vous d'avis de vous en tenir aux précédentes déclarations de l'élève Brassier et de le croire coupable?

BRON. — Il n'y a pas de doute possible, monsieur le principal.

LORMIER. — Monsieur Chamboulin, quel est votre avis?

CHAMBOULIN. — Monsieur le principal, j'avoue que, tout en se penchant vers la culpabilité... cependant...

BRON. — Monsieur Chamboulin, pensez donc aux aveux!

CHAMBOULIN. — Il est vrai que... devant le témoignage même de l'accusé...

LORMIER. — Les aveux ne suffisent pas toujours, songez-y, monsieur Chamboulin. Vous, monsieur Bron, vous croyez cet enfant coupable, c'est entendu. Le croyez-vous également, monsieur Chamboulin, oui ou non?

CHAMBOULIN. — Mais... (Sur un regard de Bron.) Oui, monsieur le principal. J'espère qu'en disant oui, je ne me heurte pas à l'opinion de monsieur le principal?...

LORMIER, après un léger haussement des épaules et à Chamboulin. — Allez chercher l'élève Brassier.

CHAMBOULIN. — Il est là, monsieur le principal.

Il va à la porte de gauche et appelle Brassier.

BRASSIER PÈRE, se couvrant le visage de ses mains. — Quelle honte! (A Lormier.) Je t'enverrai, ce soir, les cinq cents francs.

CHAMBOULIN, à Jean. — Venez!

JEAN, entrant, pâle, mais résolu. — Me voici, monsieur le principal.

LORMIER, à Jean. — Vous maintenez vos aveux?

JEAN, étranglé par l'émotion. — Oui, monsieur le principal.

LORMIER. — J'ai consulté vos maîtres, M. l'économe et M. Chamboulin sont d'avis, comme moi, que vous êtes indigne d'appartenir plus longtemps à notre collège... Vous quitterez donc la maison aussitôt que vous aurez rassemblé vos livres et vos vêtements. Ma peine est grande d'avoir à prendre contre vous une mesure semblable; elle serait cependant adoucie si vous me laissiez l'espoir que, touché par cette leçon, vous allez renoncer à ce qui vous a jeté dans cet égarement et, à force de repentir, faire oublier à tous ceux qui vous connaissent cette lamentable défaillance. Nous ferons le nécessaire ici pour qu'elle reste ignorée... Monsieur Bron et vous, monsieur Chamboulin, vous enfermerez dans votre conscience ce triste secret, n'est-ce pas? (Signe de tête affirmatif de Bron et de Chamboulin.) De mon côté, je parlerai aux élèves, je leur dirai... je leur demanderai de se taire. Peu à peu l'oubli se fera sur ce douloureux incident. Il ne me restera plus que le regret profond d'avoir perdu celui que je considérais comme mon meilleur élève et... (Allant à Brassier père.) de t'avoir apporté la plus grande tristesse de ta vie...

BRASSIER PÈRE. — Oh ! ma vie, maintenant... (Solennel à Jean.) Tu vas aller chercher ton bagage, je t'attendrai au parloir; mais, auparavant, tu vas demander pardon à tes maîtres de l'outrage que tu leur as fait. Demande pardon, te dis-je.

JEAN, après une révolte. — Monsieur le principal, je vous demande sincèrement pardon... Monsieur Bron, monsieur Chamboulin, je vous demande pardon pour la faute que j'ai commise...

BRASSIER PÈRE. — Et maintenant, va. (Jean sort.) Messieurs, avant de m'en aller, moi aussi, je veux vous demander...

LORMIER, se précipitant vers lui. — Veux-tu bien ne pas parler ainsi, Brassier?

BRASSIER PÈRE. — Laisse-moi faire mon devoir. Messieurs, quand j'ai débuté, il y a quarante ans, dans l'université, un grand historien dont j'eus l'honneur d'être l'élève, en me nommant régent de philosophie au collège impérial de Saint-Quentin me fit jurer que toute ma carrière tiendrait dans deux mots : droiture et dévouement. J'y ai conformé rigoureusement ma vie et ma joie était de penser que je mourrais en servant encore l'université dans mon enfant, comme je l'avais servie moi-même avec droiture et dévouement. Je me serais attendu à tout plutôt que d'apprendre qu'un Brassier avait déshonoré cette grande, cette belle, cette noble univer-

sité... Et, pourtant, cela est aujourd'hui... J'en ai un
chagrin que je ne puis exprimer; mais, comme il
faut que toute faute s'expie, messieurs, je vous demande pardon... Humblement pardon!

Il sort en chancelant.

Scène II

LORMIER. CHAMBOULIN. BRON

LORMIER. — Le pauvre homme, il en mourra!

BRON. — Il ne méritait pas d'avoir pour fils un
tel garnement.

LORMIER. — J'admire votre intrépidité de con-
viction, monsieur Bron. Il y a, dans tout cela, une
chose qui m'inquiète encore et me trouble plus que
je ne puis le dire. Avez-vous bien regardé Jean
Brassier pendant qu'il comparaissait devant nous? Il
n'y avait pas de honte sur son visage; on eût dit
qu'il y avait plutôt comme l'exaltation d'un sacrifice.

BRON. — Vous avez vu qu'il a accepté sans mot
dire le châtiment.

LORMIER. — C'est bien là ce qui m'inquiète!

CHAMBOULIN, *entrant*. — Monsieur le principal, ne disiez-vous pas que vous vouliez demander
aux élèves de ne pas ébruiter l'affaire?...

LORMIER. — Il le faut et sans retard. Rassemblez
les élèves ici, monsieur Chamboulin. *(Chamboulin sort.
A Bron.)* A propos, Bron, à quelle heure avez-vous
quitté Mme Lormier, hier au soir?

BRON. — Plus tôt, certes, que ne l'eussent voulu
ma gratitude et mon agrément, monsieur le principal; mais Mme Lormier nous a renvoyés vers les
dix heures.

LORMIER. — A quelle heure Cincinnatus a-t-il
trouvé l'élève Brassier sortant de chez moi?

BRON. — Ces détails ont-ils donc pour vous quelque importance, monsieur le principal?

LORMIER, *songeur*. — Peut-être.

BRON. — Il suffit. J'en établirai donc l'exacte
concordance. Voici les élèves, monsieur le principal

SCÈNE III

LES MÊMES, TOUS LES ÉLÈVES

Tous les élèves rentrent et se placent debout à leur place. Chambaran est à sa chaire; M. Bron à côté du principal.

LAURENT, assis. — Messieurs, vous avez vu que, pendant ces vacances, je vous traitais tout à fait en hommes. Les libertés compatibles avec le bon ordre et le travail, je ne vous les ai point mesurées. J'ai même prié M. Chambaran de vous laisser vous-mêmes faire la discipline et vous constituer les gardiens de la tranquillité de vos études. Je veux, en ce[lte] [illegible] encore une [illegible] aujourd'hui; je vous demande encore, cette nuit, les gardiens de l'honneur du collège. Une faute grave, très grave, a été commise par l'un d'entre vous. Je vous demande donc, messieurs, comme à des hommes que vous serez demain et que vous êtes déjà par la conscience, l'élévation des sentiments, même cet enfant qui m'écoute les yeux pleins de larmes... (Montrant [illegible]), je vous demande de ne rien [illegible] notre collège. Oubliez à la fois et la faute commise et le malheur qui s'y est rattaché... Vous le voyez, je vous arrête en beau, se répandre-t-il en hommes... Promettez-moi que personne ne saura qu'il a pu se trouver un voleur parmi les élèves du collège de Chambaran.

TOUS, moins Sarot. — Oui, monsieur le principal!

(Pierre Mazille a regardé Sarot. Sarot, gêné, détourne les yeux.)

LAURENT, [illegible]. — Je vous remercie, messieurs, et je compte sur votre promesse. (A Bron.) Monsieur Bron, venez, que nous achevions de régler cette triste affaire. Vous nous rejoignez, monsieur Chamboulin?

(Ils sortent.)

CHAMBOULIN. — Oui, monsieur le principal. (Aux élèves.) Allons, messieurs, à vos places. Il est quatre heures moins quelques minutes. La récréation allait finir quand M. le principal vous a fait appeler: il y a donc étude, étude facultative, cela va sans dire.

Tout ce que je demande à votre bonne volonté, c'est de ne pas faire de désordre. (A Bézou qui s'agite.) Il va être quatre heures, on va vous distribuer le goûter, soyez tranquille, monsieur Bézou. De la tenue, n'est-ce pas, messieurs?

Il sort.

BÉZOU, à Surot. — Pourquoi Chamboulin s'est-il adressé à moi en parlant du goûter. Après tout, je ne mange pas plus que les autres.

SUROT. — Si tu te préoccupes de ce que peut dire Chamboulin!...

BÉZOU. — J'aime pas ces personnalités! Toujours on me blague, on me blague... Ce Chamboulin! (La bouche pleine.) Est-ce qu'il ne mange pas, lui? Qu'est-ce que les hommes deviendraient s'ils ne mangeaient pas?

TRANEL. — Il vaut mieux qu'on t'accuse de trop manger que d'être un voleur, comme Brassier.

AMBREVILLE. — En voilà une histoire, hein!

PIERRE, sursautant. — Brassier n'a pas volé!

TRANEL. — Non, non, c'est le peintre!

PIERRE. — Je vous dis que Brassier n'est pas un voleur.

AMBREVILLE. — Il a avoué!

PIERRE. — Il a avoué, il a avoué! (Regardant Surot.) C'est ce qu'on verra bien!

AMBREVILLE. — Qu'est-ce que tu veux qu'on voie?

TRANEL. — Il a avoué. Tu n'aurais pas voulu qu'il laissât planer les soupçons sur un autre...

PIERRE. — Il y en a que ça n'aurait peut-être pas gênés. C'est stupide de dire que Brassier a volé! Pourquoi d'abord aurait-il volé?

BÉZOU. — Il voulait peut-être s'acheter des provisions...

PIERRE. — Si tu n'as que des raisons comme ça, toi, tu peux te refourrer le nez dans ton cervelas!

MAINGOURD, levant le nez de sur ses bouquins. — Dites donc, vous ne pourriez pas attendre l'heure de la récréation pour parler de tout ça?... On ne peut pas travailler. C'est assommant.

TRANEL. — Fiche-nous la paix, le pipo, hein?

MAINGOURD. — Si c'est ce que vous appelez rester pendant les vacances pour travailler!...

AMBREVILLE, DES CHARMETTES, TRANEL. — Mon

vieux, la barbe!

TRANEL. — Si Brassier a fait ça, c'est pour quelque cocotte du faubourg du Mail... Une grue qui l'aura affolé... Tenez, j'ai entendu raconter, par papa, une histoire...

AMBREVILLE, tirant de sa poche une cigarette. — Et puis, qu'est-ce que ça fait? Brassier a fait un sale coup, on l'a pincé, ça ne regarde plus que lui et ses parents.

PIERRE. — Si vous aviez vu le chagrin qu'avait la mère de Brassier!

Surot a un mouvement, puis il se remet à travailler.

DES CHARMETTES, à Ambreville qui se dispose à allumer une cigarette. — Non, mon vieux, ne fume pas ici? Ça se sentirait, Chamboulin ferait un rapport et le patron est déjà assez furieux à cause de l'affaire Brassier. Tu peux bien attendre d'être en cour, n'est-ce pas, vous autres?

TOUS, moins Ambreville et Surot. — Oui, oui, oui, ça vaut mieux.

AMBREVILLE. — C'est aussi ton avis, Surot?

SUROT. — Ça vaut peut-être mieux.

AMBREVILLE, ironique. — Messieurs, je m'incline devant votre volonté. Qui est-ce qui aurait dit tout de même que Brassier, le chou-chou, l'exemple et le modèle du collège, l'élève cher au principal, en viendrait là, qu'on finirait par découvrir en lui un apache!

PIERRE. — Assez, à la fin... Moi, je suis comme Maingourd... Je voudrais tout de même qu'on travaille.

DES CHARMETTES. — Voyez-vous ce gosse à qui on fait perdre son temps? Monsieur se présente sans doute dans quelques jours à Polytechnique?

AMBREVILLE. — Non, non, à l'Ecole des hautes études.

TRANEL. — Ou à la licence ès lettres.

PIERRE. — Je ne me présente à rien de tout ça; mais ça n'empêche pas de vous dire que tout ce que vous faites là n'est pas chic. Vous êtes là à vous jeter sur cette histoire de Brassier comme de sales pions! S'il était là, vous ne feriez pas tant les malins!

DES CHARMETTES. — Tu te trompes, mon petit,

et la preuve, c'est que, puisqu'il est fichu à la porte, comme voleur, tout à l'heure, quand il viendra chercher ses livres, tu verras ce qu'on lui fera !

Pierre. — Il est de taille à vous répondre.

Des Charmettes. — Il n'aura rien à nous répondre. Que ceux qui sont d'avis de tourner le dos et de *piquer la muette* à Brassier, quand il va venir, lèvent la main avec moi ?

Ambreville et Traxel. — Oui, moi, moi !...

Des Charmettes. — Eh bien, Bézou ?

Bézou. — Je sais pas.

Des Charmettes. — Tu ne sais pas quelle attitude tu es à prendre avec Brassier ?

Bézou. — Je sais pas, je te dis, là !

Des Charmettes. — La suralimentation lui obscurcit l'esprit, à celui-là. (A Maingourd.) Et toi, Maingourd ?

Maingourd. — Laissez-moi travailler.

Ambreville. — On demande ton avis sur l'affaire Brassier.

Maingourd. — Brassier ! Quoi, il a volé, et puis ?

Des Charmettes. — Votes-tu avec ceux qui le mettent dès maintenant en quarantaine en attendant qu'on le chasse du collège ?

Maingourd. — Si vous voulez me laisser travailler.

Des Charmettes. — Ça fait déjà une majorité, ça ! Eh bien, tu ne dis rien, Surot ?

Surot. — Qu'est-ce que tu veux que je dise ?

Des Charmettes. — Je croyais que tu n'aimais pas Brassier ?

Surot, hésitant. — Non, mais je trouve que ce ne serait pas très chic de s'acharner après lui maintenant.

Pierre. — C'est ta seule raison, Surot ?

Surot. — Oui, c'est ma seule raison... Tu en vois d'autre, toi ?

Pierre. — Non, j'aime mieux que tu parles comme ça.

Surot. — Je parle comme je veux

Pierre. — C'est ton droit.

Il sursaute.

Traxel. — Voilà Brassier !

Des Charmettes. — Il est bien entendu, n'est-ce
pas, qu'on lui *donne la muette?*

Amberville et Tranel. — Oui!

Scène IV

LES MÊMES, BRASSIER

*Brassier entre pâle et triste. Aussitôt qu'il est sur la
porte, Pierre se précipite sur lui. À la vue de Brassier,
les élèves se mettent à travailler, feignant de ne pas
le voir.*

Pierre. — Bonjour, Brassier, tu viens à l'étude?

Jean. — Je viens chercher mes livres, je quitte le
collège.

Pierre. — Non, pas possible, ça ne s'arrange donc
pas?

Jean. — Comment veux-tu que ça s'arrange?... (Il
va à son casier, au milieu d'un silence glacial et commence à
empiler ses livres sur son bureau.) Voilà un dictionnaire à toi, Tranel. (Il le lui donne.) Je te remercie.
(Tranel prend le livre sans un mot et le remet dans son
casier.) Je crois, des Charmettes, que tu as un Rabier
à moi? (Silence de des Charmettes.) Je crois, des Charmettes, que tu as un Rabier à moi!

Des Charmettes, avec affectation, aux autres. —
Venez tous en récréation, il est quatre heures et
demie!

Amberville et Tranel, à mi-voix. — On y va. (À
Maingourd.) Viens donc, Maingourd.

Maingourd, relevant la tête et voyant Brassier. — Ah!
Oui!

*Il se lève, prend un livre et suit ses camarades qu'a
rejoints Surot. Tous passent devant Brassier en dé-
tournant la tête.*

Jean. — Vous partez tous, sans me dire un mot?
Oh!

Ils sortent tous.

Pierre, furieux. — Dites donc, vous autres, Brassier
vous parle!

Ils sortent.

Jean, douloureusement. — Oh!

Pierre, furieux. — Vous êtes des mauvais camarades, vous êtes des poseurs, vous êtes des sales

types!... (A Jean.) Mon pauvre Jean, comme j'ai de la peine?

Bézou, revenant. — Je veux te serrer la main tout de même, Brassier. Ton histoire, après tout, ça ne me regarde pas. (Lui tendant la main.) Adieu, Brassier.

Brassier, ému. — Merci, Bézou.

Bézou. — Tu as toujours été chic avec moi.

Ambreville, des Charmettes, Tranel, du dehors. — Bézou, Bézou, viens donc.

Bézou. — Oui, j'y vais. (A Brassier.) Et puis, un jour, tu m'as donné ton chocolat. Je n'ai pas oublié ça.

Il sort.

Ambreville, des Charmettes, Tranel, du dehors. — Conspuez Bézou, conspuez Bézou, conspuez!

Pierre, furieux. — Oh! les lâches! Si j'étais plus grand, comme je leur tomberais dessus à coups de poing.

Jean, se surmontant. — Ne fais pas attention... Ils croient qu'ils ont raison... Après ce que j'ai fait!

Pierre. — Après ce que tu n'as pas fait...

Jean, étonné. — Que veux-tu dire?

Pierre. — Ça n'est pas toi qui as volé!...

Jean. — Voyons, puisque j'ai avoué!...

Pierre. — Tu as dit ce que tu as voulu... Moi, je suis sûr que tu n'as pas volé... D'abord, ça ne te ressemble pas. Toi, te glisser, la nuit, dans un appartement et briser un tiroir et prendre de l'argent?... Allons donc!

Jean. — Je te remercie pour la bonne opinion que tu as de moi... Mais je t'assure que tu te trompes...

Pierre. — Eh bien?... Regarde-moi en face. (Il le regarde dans les yeux.) Ah!... Tu rougis, tu rougis, comme un innocent!

Jean. — Pierre!...

Il détourne la tête.

Pierre. — Et puis, tu auras beau me raconter ce que tu voudras! Je la sais, la vérité!

Jean, inquiet. — Tu ne sais rien du tout!...

Pierre. — Tu étais bien chez le singe vert, mais ce n'est pas pour voler...

Jean. — Tais-toi, Pierre... tais-toi...

Pierre. — C'était pour une autre raison! Et je la connais la raison: tu venais voir mad...

JEAN, *lui fermant la bouche de sa main.* — Chut!...

PIERRE, *soulagé.* — Enfin!... J'en étais sûr. Mon vieux, à présent, tu ne me raconteras plus des batailles. Le voleur a dû venir avant ou après que tu as été surpris par Cincinnatus, hein?

JEAN. — C'est probable...

PIERRE. — C'est certain... Oh! celui-là, si je le tenais!... Ça ne fait rien, on le retrouvera tout de même!...

JEAN. — On ne le retrouvera jamais.

PIERRE. — Allons donc!... Tu t'imagines que je garderai pour moi ce que j'ai découvert, que je te laisserai accuser à la place d'un autre?... Ah! non!... Je vais lâcher le paquet et pas plus tard que tout de suite!...

JEAN. — Pierre, je te le défends!

PIERRE. — Ça, mon vieux! Le surveillant général ou le président de la république lui-même me le défendraient que je les enverrais au bain... Aussi...

Fausse sortie.

JEAN. — Pierre! Et ta parole?

PIERRE, *s'arrêtant.* — Ma parole?

JEAN. — Tu m'as juré hier que tu ne dirais rien de ce que tu as appris là-dessus! Tu te souviens?

PIERRE. — C'est vrai!

JEAN. — Et tu ne tiendrais pas ta parole?

PIERRE. — Oh! dans un cas pareil!

JEAN. — Mon petit Pierre, c'est toi, toi qui raisonnes ainsi?... On doit toujours tenir un serment...

PIERRE. — Ah!... mais c'est trop fort aussi!... Je ne veux pas que tu payes pour un autre!...

JEAN. — Et après?... Si tu dis: « Un autre a volé! » on répondra : « Alors, que faisait là, votre ami Jean? » Et tu aurais le courage, le vilain courage de dénoncer une autre personne?

PIERRE. — Je n'avais pas pensé à ça!...

JEAN. — Je veux bien être un voleur, je ne veux pas être un drôle!

PIERRE. — C'est bon!... Je me tairai!... et ce sera dur!... Nom d'un chien! tu es innocent!... Et ça doit te faire gros cœur de ne pas pouvoir le crier!

JEAN. — Oh! sur le moment, j'ai pleuré comme un gosse; puis ils sont venus m'annoncer que je quitterais le collège! En raison de l'amitié que M. Lormier a pour père et aussi, en raison de ma bonne conduite, et, enfin, parce que père rembourse, MM. Lormier et Bron veulent bien étouffer l'affaire.

PIERRE, furieux. — Non!... Mais quels idiots!

JEAN. — Cependant, je dois renoncer à devenir professeur à l'Université. Si je me présentais à un examen, mon livret scolaire serait produit.

PIERRE. — Alors, tu ne seras pas normalien?

JEAN, souriant. — Non... Je ne serai pas normalien!...

PIERRE. — Tiens, j'en ferai une maladie!

JEAN. — Mon petit Pierre, tu es bien gentil! Pourtant je voudrais que tu ne t'emballes pas ainsi!...

PIERRE. — Ne me demande pas ça! Moi, l'injustice me révolte!...

JEAN. — Mon pauvre petit!... C'est toi, toi, qui me dis une chose pareille!... Toi, qui as toujours porté la peine de ce que les autres ont fait! (Pierre baisse la tête.) Allons, si j'hésitais, c'est toi qui me montrerais mon devoir!... Vois-tu, tout cela ne m'attriste pas! au contraire... Je me suis ressaisi... Je suis presque content de moi... je suis content comme un débiteur qui a payé... Mon petit Pierre, j'ai appris qu'il y a des comptes que l'on doit régler... On commet des imprudences, on s'emballe, on se laisse affoler par des idées... des idées magnifiques... Et puis, la crise passée, on se retrouve en présence de soi-même; et c'est l'heure pénible!... Il y a dans la vie des moments où l'on s'essaye, où l'on tente d'aller jusqu'à la limite de ses forces... Mon vieux, je te parle comme je parlerais à un ami plus âgé... Je suis tranquille!... Je suis sûr de moi!... Et quand tout le monde me tournerait le dos, je serai quand même satisfait: je n'ai pas été un mufle!

PIERRE, lui serrant la main. — Mon vieux! Je n'avais pas besoin que tu me le dises!... Et que vas-tu faire?

JEAN. — Je n'en sais fichtre rien!... Mes parents me pardonneraient, mais je ne veux pas d'un pardon!... Je m'en irai!... Je m'engagerai comme matelot!...

PIERRE. — Toi qui es myope?

JEAN. — Ça me guérira peut-être!

PIERRE. — Je ne peux pas me faire à cette idée-là!

JEAN. — Il faudra t'y faire!

PIERRE, après un temps. — Et si j'avais le nom du coupable?

JEAN. — D'abord... tu ne l'as pas!

PIERRE. — Bien entendu!... Je suis si bête!...

JEAN. — Ne te fâche pas!... Le coupable est loin!...

PIERRE. — Si loin que ça?...

JEAN. — Sûrement!... Il a l'argent, il s'est sauvé!...

PIERRE. — Je ne suis sans doute qu'un petit garçon et j'ai tout juste l'intelligence d'un navet, mais j'ai mes idées là-dessus.

JEAN, souriant. — Tu as des idées?

PIERRE. — Comme une personne naturelle... parfaitement... A mon avis, le voleur ne s'est pas sauvé!...

JEAN, riant. — Ah bah!...

PIERRE. — Il est dans le collège, le voleur!...

JEAN, riant. — Je parie que c'est M. Bron!

PIERRE. — Non!... C'est Surot!

JEAN, sérieux. — Ah! Pierre!... Fais attention à ce que tu dis!...

PIERRE. — Je mettrais ma main à couper que c'est Surot...

JEAN. — Je t'en prie, Pierre, ne cherche pas de ce côté!... Ah! il est près de cinq heures, je dois rejoindre mon père au parloir, pour rentrer à la maison par le train du soir... Elles vont être gaies, mes vacances!...

PIERRE. — Mon vieux Jean!...

JEAN. — Bah!... Tu m'écriras!... ce qui m'ennuie, c'est que je ne serai plus là pour te défendre, pour veiller sur toi, pour être ton grand frère!

PIERRE, triste. — J'ai pensé à tout cela!...

JEAN. — Aussi, je voudrais que ce qui s'est passé ne fût pas perdu pour toi, et ça me réconfortera de me dire que j'ai pu être utile à quelqu'un. Tu te souviendras?... Tu ne céderas jamais à l'intérêt, à la lâcheté; tu seras un homme, comme tu veux en être un. Tu me le promets?

PIERRE, grave. — Je te donne ma parole!

JEAN, l'embrassant sur le front. — Mon vieux!... Je m'en vais rassuré!... Il y a nous deux au monde et c'est suffisant!... Là!... Je vais à l'infirmerie... Tu m'accompagnes à l'infirmerie?

PIERRE, absorbé. — Non... Je reste ici!...

Jean. — Tu n'es pas chic !...

Pierre. — J'ai un devoir de grec à finir.

Jean. — Si tu veux, je t'aiderai.

Pierre. — Non, je veux le finir tout seul !...

Jean. — A la bonne heure !... Voilà une parole d'homme, je repasserai par ici pour te dire adieu.

Pierre, l'accompagnant à la porte. — C'est ça... à tout à l'heure ! (Seul, redescendant en scène.) Oui... Eh bien !... On verra voir. (En s'asseyant.) Ah ! (Un temps.) Pour moi, c'est Surot !... Je le sens !... (Il prend ses livres et s'installe, puis, mordillant son porte-plume.) Il n'est pas sorti du collège, par conséquent... Il n'a pas gardé l'argent sur lui... Il a caché les billets... Où ? Ça, c'est le problème !... (Il se remet à travailler.) Il ne les a pas cachés dans le dortoir !... On retourne les matelas tous les jours !... Et, aujourd'hui, on change le linge... Il n'a pas pu les cacher dans le préau !... Nous avons eu gymnastique ce matin... Il risquait trop gros !... Il n'a pu les cacher qu'ici... dans son pupitre... (Il va au pupitre de Surot et l'ouvre.) Que je suis bête ! Surot est trop fouine... Il a dû trouver une cachette dont on ne s'aviserait pas !... (Il regarde les casiers.) Là, dans son casier... Non ?... Ce serait trop fort ! Et, après tout !... (Il va aux casiers.) Dans un livre... Pas un petit livre, ça se promène trop... mais un dictionnaire... (Il prend un dictionnaire et l'ouvre.) Le dictionnaire latin-français... (Il feuillette.) Il s'en sert souvent... Il n'y a rien... L'autre !... (Il ouvre l'autre dictionnaire.) Le français-grec !... Rien non plus !... Ah !... (Il tire un billet de banque.) Un billet de cent francs !... (Feuilletant fièvreusement.) Deux, trois, quatre ?... C'est tout ?... Non, cinq !... (Il gambade de joie.) Je le tiens !... Enfoncé, Sherlock Holmes !... (Un temps.) Je vais porter ça au grand singe vert ! (Il va pour sortir, s'arrête et redescend.) Non !... C'est rapporter !... et c'est pas chic... Il faut trouver autre chose... D'abord, replaçons les billets dans la cachette. Je vais toujours en garder un, nous verrons bien !... Là... Ah !... Surot !... Il arrive bien !...

Il se remet à travailler.

Scène V

SUROT, PIERRE

SUROT, arrivant, képi sur la tête. — Tiens? Tu es là, toi, l'astèque?

PIERRE. — Oui... je travaille...

SUROT. — Eh bien, tu travailleras plus tard! Houste! Décanille!

PIERRE. — Tu te fâches encore... Vrai, tu n'es pas gentil avec moi!

SUROT. — Avec ça que tu es aimable, toi, petit cafard!... Tu m'as assez agacé, hein?

PIERRE. — Ça ,c'est du passé!... Je regrette de t'avoir blagué sur ton bachot... là...

SUROT, stupéfait. — Tiens! tiens!... Tu es devenu conciliant?

PIERRE. — Que veux-tu? Je vais être tout seul, désormais, Brassier part ce soir...

SUROT. — Ah! Brassier s'en va?

PIERRE. — Il ne s'en va pas!... On le chasse, comme un bandit...

SUROT. — Tu l'arranges bien, ton ancien ami!

PIERRE. — Dame!... S'il a commis cette vilaine action, je ne peux pas l'estimer, n'est-ce pas?... Ce n'est pas ton opinion?

SUROT. — Oh! moi!...

PIERRE. — Enfin, toi, Surot, tu ne serrerais pas la main d'un homme qui a fait ça?...

SUROT, après hésitation. — Non!...

PIERRE. — C'est honteux!... Et songe qu'en volant, Brassier laisse tomber les soupçons sur tous ses camarades, sur moi, sur toi! Hein! c'est pas propre!

SUROT, gêné. — Peuh!... Pour ce que les gens valent en général!...

PIERRE. — Ah!... Tout de même, ce n'est pas chic: laisser accuser un innocent, un pauvre type, dont il pouvait perdre la réputation, l'avenir... Ça, je ne lui pardonnerai pas!

SUROT, gêné. — A ton aise!...

PIERRE. — Aussi, je reconnais qu'il a eu tort de se conduire avec toi comme il s'est conduit!... Et je suis confus de l'avoir approuvé... Nous sommes amis?

Il lui tend la main.

SUROT, sans la prendre. — Si tu veux!

Il se détourne.

PIERRE. — Merci!... (Il va s'installer.) Tu vas en ville?

SUROT. — Oui...

Il va vers son casier.

PIERRE. — A la poste, peut-être?...

SUROT. — Pourquoi irais-je à la poste?... Qu'est-ce que je ferais à la poste?

PIERRE. — Ne t'emballe pas!... Je te demande ça parce que j'ai une lettre à envoyer.

SUROT. — Non!... Je vais chez M. Galéa, le dentiste...

PIERRE, narquois. — Une dent qui te fait souffrir!... Aïe!... Tu sais, les dents qui vous gênent, il faut les arracher... Autrement, ça finit par faire du vilain.

SUROT. — Travaille donc...

PIERRE. — Dis donc, je n'ai qu'un petit lexique... Prête-moi ton gros dictionnaire?

SUROT. — Non!... Fiche-moi la paix et travaille...

PIERRE. — Je peux pas; je pense toujours à cette histoire-là. Bézou affirme que Brassier n'est pas coupable... que c'est un autre qui a dû faire le coup.

SUROT. — Si c'est un autre, on le découvrira, tôt ou tard...

PIERRE. — Bézou a peut-être raison... le voleur est un élève; mais ce n'est pas Brassier. Et, dès lors, c'est facile à trouver parmi nous. Quel est celui de nous qui avait toujours besoin d'argent? Quel est celui qui était capable de s'en procurer par tous les moyens?... Quel est celui qui a regardé de très près, hier, le couteau suédois que Brassier m'avait prêté?

SUROT, de plus en plus inquiet. — Ah çà!... mais...

PIERRE, marchant peu à peu sur lui qu'il fait reculer. — Quel est celui qui savait que Brassier allait retrouver quelqu'un?... qui s'est faufilé dans le bureau à sa suite?... qui a fracturé le tiroir et s'est sauvé en oubliant le couteau?... Tu ne le connais pas, toi, Surot?...

SUROT, tremblant. — Allons!... laisse-moi passer, je suis pressé!...

PIERRE. — Dis plutôt que tu te sauves!

Surot. — Ah! Prends garde!... Laisse-moi, ou sinon...

Pierre. — Tu me frapperais!... Mais non!... Tu as peur!... Tu es vert de peur!... Tu te sauves, parce quel je sais tout!... Eh bien, tu ne passeras pas! (Il lui barre la porte.) C'est toi qui as fait le coup... Tiens!...

Il lui tend le billet.

Surot, atterré. — Tu as trouvé?...

Il ne prend pas le billet.

Pierre. — Dans ton dictionnaire!... Tout à l'heure!... et, maintenant, avoue ou n'avoue pas!... Je sais que c'est toi le coupable!

Surot, tombant assis. — Tu vas me dénoncer?

Pierre. — Tu as le trac, hein?

Surot. — Plus maintenant... Je suis pris, je suis pris!... Va chez Lormier... et fais-moi pincer!... Je ne me sauverai pas... J'attends là...

Il s'assied.

Pierre. — Eh bien, non, je ne te dénoncerai pas!... C'est toi-même qui te livreras!...

Surot. — Ça!... Jamais!...

Pierre. — Tu te livreras, parce que tu n'as pas autre chose à faire. Tu es un cancre, un mauvais bougre, soit! mais tu n'es pas un mufle!... Tu n'as pas volé pour voler, pour l'argent, j'en suis sûr; tu as volé par vengeance, pour en finir avec Brassier que tu haïssais, n'est-ce pas? (Surot baisse la tête.) J'en étais certain!... Tu as eu un coup de folie et la chose accomplie, tu as cru qu'elle était irréparable?... Eh bien, tu ne saurais garder cela sur la conscience, ça gâterait toute ta vie... Tu penseras toujours à la maman de Brassier, sa pauvre maman qui a failli mourir de douleur et, jamais plus, tu ne pourras être heureux!

Surot, accablé. — C'est vrai... c'est vrai!...

Pierre. — Va... je ne suis pas vieux... mais j'ai souffert, moi, aussi je sais ce que c'est que d'être innocent et de payer pour les fautes que les autres ont commises... Mais je t'assure que j'aime mieux encore être dans ma peau que dans la tienne. Tu sais que tu es coupable et que, moi, je connais la vérité. Eh bien, si tu as un peu de cœur, tu ne pourras pas supporter ce poids-là. Tôt ou tard, il faudra que tu avoues!... Alors, il serait trop tard...

SUROT, luttant avec lui-même. — Je ne peux pas!... Je ne peux pas!... Si je me livre, je suis perdu... Pense à ce que dira maman, la seule personne qui m'aime au monde et que je frapperai ainsi?...

PIERRE. — Il faut payer sa dette!

SUROT. — Ce n'est pas possible!... Ecoute... tout peut s'arranger... Tiens, voilà les billets!... Je vais partir... et, dès que je serai loin du collège, tu les remettras à M. Lormier en lui avouant la vérité.

PIERRE. — Nullement... je ne dénonce pas les autres, moi... je te jure même que je garderai pour moi tout ce que t'ai fait avouer. Aussi, tu n'as rien à craindre... la porte est libre; tu peux te retirer tranquillement, personne ne saura ta faute... je t'ai dit ce que j'avais à te dire, vois ce que tu as à faire...

Il pose le billet avec les autres et s'éloigne.

SUROT, prenant les billets et se levant. — Ah! tant pis!

PIERRE. — Où vas-tu?

SUROT, à la porte. — Me dénoncer...

PIERRE, tombant assis et s'essuyant le front avec sa manche. — Ça y est! Jean est sauvé!... Mais, cristi, que j'ai eu chaud!

Sonnerie de cloche. Un temps.

SUROT, au dehors. — M. Lormier... M. Bron... M. Chamboulin...

Scène VI

LES MÊMES, LORMIER, HELENE, BRON, CHAMBOULIN, LES AUTRES ÉLÈVES

LORMIER. — Qu'y a-t-il?... On m'appelle?

CHAMBOULIN, à Surot. — Comment? c'est vous qui vous permettez de sonner sans autorisation?

BRON. — Que signifie?...

SUROT. — Monsieur le principal, j'ai un aveu à vous faire... mais je n'ai voulu le faire que devant mes camarades réunis!...

PIERRE. — Oh! Surot!... Faut-il...

SUROT. — Il le faut! Viens, Brassier... tu n'es pas de trop!...

LORMIER. — Ah çà ! m'expliquerez-vous ?...

SUROT, à Lormier. — Monsieur le principal, ce n'est pas Brassier qui a volé la souscription Gandouille : c'est moi !...

LORMIER. — Vous...

Murmures.

SUROT. — Voici les billets, monsieur Bron peut les reconnaître... J'ai commencé par voler le couteau de Brassier dans son pupitre, au moment où nous quittions l'étude... Puis j'ai attendu que M. Chamboulin fût endormi, je me suis glissé jusqu'au bureau et j'ai pris l'argent... J'ai brûlé l'enveloppe dans le poêle du dortoir ; quand je suis rentré, le matin, j'ai caché les billets ici... vous savez tout, maintenant...

Rumeurs.

BRON. — Ah !... J'aime mieux cela ! (A Brassier.) Mon cher ami !

LORMIER. — Pardon !... Vous dites que vous êtes coupable !... Je l'admets... Vous restituez l'argent... soit...

BRON. — Je reconnais les numéros.

LORMIER. — Mais tout cela ne m'explique pas pourquoi c'est M. Brassier et non pas vous que l'on a trouvé dans mon appartement ?...

PIERRE, à part. — Oh ! sapristi ! Je n'avais pas pensé à ça !

SUROT. — Eh bien, Brassier, j'ai avoué. A ton tour, parle !

LORMIER. — Répondez, Jean !

SUROT. — Il ne parlera pas !... Il est trop délicat ! Voilà : (Après un temps.) Monsieur le principal, mon camarade Brassier m'avait vu sortir du dortoir, il s'était lancé à ma poursuite et m'avait surpris au moment où je fracturais votre tiroir... Il a voulu s'opposer à mon acte, m'obliger à replacer l'argent : j'ai résisté, je me suis sauvé, mais le bruit de la lutte avait attiré le veilleur de nuit qui a pris Brassier à ma place... Avec une grandeur d'âme à laquelle je me permets de rendre hommage, mon camarade a réclamé pour lui la faute que j'avais eu la folie de commettre. Je le remercie !...

JEAN. — Surot !...

LORMIER. — Monsieur, vous n'appartenez plus à

notre collège.

Surot. — J'en pleurerai pas.

Lormier. — Je vais télégraphier à votre famille..
et au recteur...

Surot. — Bien, monsieur !...

Lormier. — Quant à vous, Jean, je vous adresse
toutes mes excuses... ainsi qu'à vos parents...

> Surot va vers la porte ; tous les élèves s'éloignent de
> lui, seul, le petit Pierre va vers lui et lui serre la
> main.

Pierre. — Tu sais, Surot !... C'est bien ce que tu
as fait là !

Surot. — Bah !... Pendant que j'y étais...

RIDEAU